Guía básica para

EL DON DE PROFECÍA

Guía básica para

EL DON DE PROFECÍA

JACK DEERE

CASA
CREACIÓN

Guía básica para el don de profecía por Jack Deere
Publicado por Casa Creación
Una división de Strang Communications Company
600 Rinehart Road
Lake Mary, Florida 32746
www.casacreacion.com

A menos que se indique lo contrario,
todos los textos bíblicos han sido tomados
de la Versión Reina-Valera de 1960.

Traducido por Salvador Eguiarte D.G.

ISBN: 0-88419-624-0

2 3 4 5 6 7 BP 8 7 6 5 4 3 2 1

Impreso en los Estados Unidos de Norteamérica© 2002
Este libro fue publicado originalmente en inglés con el
título: *The Beginner's Guide to the Gift of Prophecy* por
Servant Publications
© 2001 Jack Deere

DEDICATORIA

Para Rick y Julie Joyner, amigos fieles, quienes han hecho más que nadie que yo conozca para restaurar el ministerio profético en la Iglesia.

AGRADECIMIENTOS

Agradezco especialmente a Ken Gire, amigo mío y uno de los escritores más hábiles que conozco, quien leyó el manuscrito completo y ofreció muchas sugerencias valiosas. También tengo el orgullo paternal de agradecer a mi hijo, Stephen Craig Deere, un periodista condecorado, quién a su vez hizo mejoras significativas a este libro con su toque único.

ÍNDICE

Prefacio

Este libro es una guía práctica para el ministerio profético contemporáneo, no una monografía académica. Una vasta parte de este libro cuenta mi propia experiencia profética o mis encuentros personales con los profetas y también es un relato de la historia de Paul Cain. Paul es el mejor ejemplo que conozco de un profeta maduro. He aprendido mucho acerca del ministerio profético solamente por observarlo a través de los años, y yo quiero que usted también pueda beneficiarse de su experiencia.

He intentado basar todas las experiencias y consejos ofrecidos en el libro en versículos claros de la Escritura. En pocos lugares donde no pude encontrar apoyo bíblico patente para algo común en el ministerio profético actual, he tratado de indicarlo.

Espero que nadie se ofenda por el tono masculino del libro. He utilizado casi exclusivamente la palabra *profeta* por dos razones. Primero, la mayoría de los ejemplos bíblicos tratan más acerca de *profetas* que de *profetisas*. Segundo, escribir *profeta* o *profetisa* a través de todo el libro hubiera sido engorroso y cansado. Espero que el lector sea capaz de discernir, por las historias en el libro, la alta estima que tengo por las mujeres profetas.

Finalmente, este libro sólo habla de la parte personal del ministerio profético; lo básico para ayudarlo a comenzar. Dios mediante, quiero escribir un segundo libro acerca del cómo y del porqué el ministerio profético debe integrarse al ministerio total de la iglesia mientras avanzamos hacia los últimos días.

Uno

NUNCA NADIE ME DIJO

¿Me trajo el Señor hasta aquí, o fue el diablo—a este cuarto para enfrentarme con alguien a quien nunca había conocido, y que conocía mis secretos dolorosos? Mi careta de indiferencia estaba siendo asaltada secreto por secreto. O ¿era que mi corazón estaba siendo sanado secreto por secreto? ¿Era ésta una tortura o una cirugía? ¿Qué de bueno podría venir de leer en voz alta las páginas de un libro de dolor que había yo cerrado para siempre? Además, fui yo quien le había dado el permiso para comenzar, y ahora no lo podía frenar.

Nadie me dijo que los profetas eran así. Hasta ese día, nunca había conocido a un profeta fuera de las páginas de la Biblia. Como ahora tenemos la Biblia, no podía ver la razón por la que necesitamos profetas. Por otro lado, si los dejábamos andar sueltos fuera de la Biblia, ¿quién podría predecir el caos que eso causaría? Para mí, los profetas habían sido un sustituto temporal de lo verdadero, la Biblia.

Entonces algo sucedió que cambió mi punto de vista. Pero esa es otra historia, la cual cuento en otro libro. Sólo permítame decir que encontré más razones para creer en la existencia de los profetas que para creer que Dios los ha hecho a un lado. Pero, ¿qué era lo que sí creía? Todavía tenía una fe mayormente teórica. Entonces, escuché por medio de un amigo que todavía existían los profetas, profetas *verdaderos*, en Kansas City. Él iba a ir a conocerlos. ¿Que si me gustaría acompañarlo?

Telefoneé a mi consejero espiritual para decirle que iba a ir a conocer a estos profetas. Del otro lado de la línea me lo imaginé frunciendo el ceño; su ceja arrugándose mientras me decía: "Jack, no permitas que te engañen. Dios te dio una mente. No olvides utilizarla".

Yo no conocía a nadie más espiritual que él. No conocía a nadie que tuviera un espíritu tan afable como el de él. Y él se mostraba escéptico. Su advertencia transformó mi emoción por conocer a estos profetas en un escudo de determinación para no ser engañado.

Pero mi escudo no me protegería. Desde el momento en el que decidí asistir a esa reunión estaba condenado. No porque estuviera a punto de enfrentar un ataque de controversia. No porque a partir de ese momento iba a invertir incontables horas defendiendo un ministerio satanizado por muchos líderes de la iglesia. Ni siquiera porque iba a pasar tantas más horas sanando las heridas causadas por los abusos proféticos. Estaba condenado porque nunca volvería a ser feliz en el ministerio a menos que estuviera propulsado por el poder de la profecía. La mente que Dios me había dado no era rival para el corazón profético.

Así que, una tarde soleada de septiembre, con mi

corazón protegido "bíblicamente" y con la mente llena de escepticismo, conocí a Mike Bickle, el pastor de estos profetas y de toda la congregación, la cual entonces se llamaba Kansas City Fellowship. Mike no era muy alto, sin embargo tenía la constitución de uno de esos jugadores de fútbol americano que, harto de oír que no era lo suficientemente alto para jugar profesionalmente, se encerró en el gimnasio y, cuando salió, atropelló a miles de jugadores defensivos. Su voz profunda resonaba con autoridad. Sobre todo, irradiaba gozo. En su presencia, me sentí gozoso también. No me podía imaginar a Mike teniendo un día triste. Antes de que pudiera darme cuenta, yo había sido desarmado y encantado. Yo quería el gozo de Mike y su pasión por Dios.

Pero el gozo no me duró hasta la mañana siguiente. Cuando desperté, recordé que había venido a conocer profetas, no a pastores. Antes del desayuno, cambié mi gozo por una actitud indiferente; estaba determinado a no ser engañado. Terminé mi último sorbo de café, limpié mi boca con la servilleta; estaba listo para enfrentar a estos seudoprofetas.

Esa mañana, cuando mi esposa Leesa y yo llegamos a la iglesia, fuimos conducidos a un cuartito oscuro con alfombra verde y sillas anaranjadas acomodadas en un círculo. Cinco amigos habían venido con nosotros. Ellos querían encontrarse con Dios. Yo quería probar a los hombres. Mike y otros cuatro rostros desconocidos estaban esperándonos. Me topé con el primero de ellos en la puerta.

Él era uno de esos tipos que miden más de uno ochenta, de complexión atlética, vestido como si acabara de salir de un catálogo de Eddie Bauer (Eddie Bauer es un diseñador estadounidense de ropa, artículos y accesorios estilo casual y de montaña muy prestigioso en su país). Sin embargo, su rostro era del tipo de los hombres que se sentiría más a gusto en una túnica de pelo de camello y sandalias. Su barba era un poco larga, dispareja e inquietante. Mirada profunda; su mirada lo hacía parecer como si fuera de otro mundo.

Al comienzo pensé que su mirada era maligna.

Luego, no me podía decidir.

Entonces, habló.

—Oye, nunca pensé que te vería aquí esta mañana.

Qué presumido, pensé. Ya no me caía bien.

—¿De qué hablas?, *Yo* ni siquiera te conozco— dije.

—Bueno, *yo sí* te conozco. Fue hace ocho días. Tuve un sueño. Me desperté a las tres de la mañana. Pensé que era algo muy importante así que lo escribí. Tú estabas en el sueño. ¿Quieres que te diga lo que el Señor me dijo de ti?

—Sí—dije.

Lo que pensé fue: *Pruébame. Haz tu mejor intento. No voy a ser engañado. He sido advertido acerca de ustedes los profetas.* Debo mencionar que yo había sido formado en un movimiento cristiano muy diferente a este amigo, y que él en realidad no me conocía.

Tomamos nuestro asiento en el círculo. Yo sabía acerca de la *lectura en frío*, una habilidad utilizada por los jugadores de póquer, los que leen las manos y, probablemente también, por los falsos profetas. Por una cuidadosa observación de la ropa, expresiones y manierismos, la gente con esta habilidad, puede *leerlo* a usted sin conocerlo. Por ejemplo, una adivina podría notar pelos de una mascota en su ropa y decir: "Mi espíritu guía me dice que usted ama los animales". Un jugador de póquer podría notar que justo antes de que otro jugador aparente tener una buena mano, siempre suspira. Los jugadores de póquer llaman a estas señales *avisos* porque dan a conocer algo acerca de uno. Los *lectores en frío* incluso tienen la habilidad de hacerle admitir los detalles de su vida en una manera tal que hace parecer que esos detalles les fueron revelados sobrenaturalmente a ellos. En esa mañana, yo decidí que no importaba qué tan hábil fuera este hombre en el arte del engaño, yo no le daría señales que leer; ni *avisos* que le ayudaran a ganar este juego. Endurecí mi rostro como piedra. Nos miramos a los ojos el uno al otro. Mis ojos no revelaban nada. Entonces, él habló y reveló todo.

—Tú tienes una oración—me dijo con un suave acento sureño—pero es más que una oración. Es uno de los mayores anhelos de tu corazón.

Entonces me dijo la oración que yo había dicho todas las mañanas en el hotel. Era una oración que repetía casi cada mañana. Y él tenía razón; *era* el anhelo de mi corazón.

—Dios, me ha pedido que te diga que este anhelo proviene de él y que vas a recibir lo que has estado pidiendo.

Le podría decir en este momento cuál era, y todavía es, esa oración; pero decirlo en este momento sería, por no decir más, inmodesto, y peor, egoísta. En ese tiempo era lo más grande que podía pensar en pedir. Y, como el profeta Daniel, aquí estaba este profeta diciéndome mi sueño y diciéndome que se volvería realidad.

Mi cara de pedernal no se quebró, ni siquiera por

un pelo. Mis ojos permanecían plácidos, no mostraban siquiera un atisbo de gozo. Él no estaba recibiendo pistas de mí. Pero por dentro, mi corazón estaba que explotaba de gozo. Yo no había llorado desde los doce años. Tomó un esfuerzo sobrehumano el no llorar. Hasta ese momento, no había entendido la expresión *lágrimas de gozo*. ¿Por qué alguien, especialmente un hombre, querría llorar si estaba feliz? Puede ser que yo nunca había estado lo suficientemente feliz para saber la respuesta hasta ese momento. ¿Cómo podría ser que yo fuera tan especial para Dios; que él hubiera puesto un sueño en mi corazón y después decirme que lo iba a cumplir?

Siguiente tema.

—Tuviste un padre que te traicionó y te abandonó—dijo.

No, no mi padre. Ese tema no estaba permitido tocarlo. La gente decente nunca habla de eso. ¿Cómo es que él sabía acerca de mi padre? Mis soportes interiores se estaban desmoronando. ¿Cómo es que él podía hablar tan apaciblemente acerca del dolor clave de mi vida? ¿Cómo podría yo seguir guardando la compostura? Si hubiera dejado salir lo que estaba sintiendo en ese momento, hubiera destruido la personalidad que me costó tanto duro trabajo construir; la mía propia. Estos temores me mantuvieron viendo indiferentemente al profeta.

Mi padre nos había traicionado y nos había abandonado, no sólo a mí, sino a todos nosotros. Una mañana nos despertamos: una familia de clase media de seis personas, listos para un día común y corriente. Mis dos hermanos pequeños, mi nana y yo fuimos a jugar a la casa de mi abuela. Mi mamá se fue a trabajar a su oficina en la compañía aseguradora. Mi papá se quedó en casa. A media mañana, las filas de la última batalla de mi padre se alistaron en su alma. Nunca hubo un sólo indicio. En algún momento de esa tarde, en la sala de nuestra pequeña casa de tres recámaras, mi padre, se puso una pistola en la cabeza y terminó con la guerra que se libraba en su interior. Esa noche mi madre se acostó a dormir sola, una viuda de treinta y cuatro años con apenas una escolaridad de segundo grado de educación media superior y cuatro niños pequeños que criar. Nunca volveríamos a ser una familia normal.

Yo era el hermano mayor. Apenas había cumplido doce. Más allá de algunos amigos que nos traían de comer, no había nadie para ayudarnos a entender y sanar.

Mi padre había sido mi héroe, mi imagen de lo que significaba ser un hombre. Él era fuerte e inteligente. La vida sin él era inimaginable. Probablemente fue por eso que nunca realmente lo lloré. Para poder llorar algo, uno tiene que enfrentarse a la realidad de la pérdida, y eso a mí me asustaba demasiado. No hubo nadie allí que me dijera que uno no puede sanar a menos que llore su pérdida. Dios estaba allí, pero nunca se me ocurrió orar a él. Él no me regresaría a mi padre. Así que, ¿de qué servía pedir? El dolor y la confusión se asentaron en el fondo de mi corazón. Nunca volví a agitar esas aguas turbias otra vez. Me había parado alrededor de ellas con la resolución de ser fuerte, y nunca necesitar a nadie de nuevo.

Ese depósito de dolor, escondido por mí propia decisión, se convirtió en lo que todo dolor no sanado se convierte: se convirtió en amargura. Mucho tiempo después de que había dejado de sentir el dolor, la amargura, la cual no alcanzaba a sentir, alimentaba todo tipo de conductas vergonzosas y fuera de control.

A los diecisiete, el Señor me tomó, antes de que me matara tratando de ganar la admiración de mis amigos con otra racha más fuerte de locura. De la noche a la mañana me convertí en un seguidor de Jesús. De la noche a la mañana perdí mi estilo de vida salvaje y a todos mis amigos alocados. Pero no perdí mi depósito de amargura. Todavía ignorante de su presencia, ni siquiera sabía que tenía que hablar de eso con Jesús.

Nunca nadie me dijo acerca de la amargura. O acerca de la ira fruto de la amargura y cómo estaba detrás de mi rebelión e inmoralidad anteriores. Nunca nadie me dijo que aunque uno se vuelva cristiano la amargura no se va automáticamente. Nunca nadie me dijo que la amargura escondida en el corazón puede hacerlo dudar a uno de la bondad de otros, incluso volverlo escéptico de la bondad de Dios hacia uno mismo. Nunca nadie me dijo que la amargura lo puede hacer a uno tener miedo de amar demasiado a causa del temor de ser traicionado otra vez.

Nunca nadie me dijo que si uno deja la amargura sin tratar, se integra tan perfectamente en la personalidad que uno ni siquiera sabe que está allí y termina tratando con los síntomas de su ira y hostilidad pero nunca con la causa. La gente me había dicho que los pecados de la juventud vendrían a perseguirme. Pero nunca nadie me dijo que la amargura de la juventud puede perseguirlo a uno hasta la tumba.

A la edad de treinta y ocho años, como nadie más me dijo, Jesús decidió que era el momento para hablarme acerca de esas cosas. Comenzó hablándome acerca de la muerte de mi padre, el tiempo cuando el ácido espiritual comenzó a colectarse en mi corazón de doce años de edad. Y él envió a este profeta vestido a la moda de mirada extraña a este cuartito para comenzar la conversación. De momento, yo no tenía idea de lo que el Señor estaba haciendo. No estaba seguro de que fuera el Señor. Todo lo que sabía era lo que podía sentir: el profeta asaltándome con mis propios secretos, sacando algo malo que nunca podría tornarse bueno. Yo quería que la conversación terminara, pero la suave voz sureña continuó.

—El Señor va a resarcirte la pérdida de tu padre. Él te va a enviar nuevos padres. No vas a aprender de sólo un hombre. Tendrás el padre que necesitas para cada nueva etapa de tu vida.

El que haya sacado el asunto de mi padre me dolió, pero la promesa de nuevos padres me fascinó. ¿Cómo podría alguien, incluso Dios, resarcir la pérdida del padre de un niño de 12 años? No necesitaba nuevos padres. Tenía treinta y ocho años. Yo mismo era padre. Y estaba completamente feliz con el consejero espiritual que yo tenía en ese entonces. No me podía imaginar el que pudiera necesitar a nadie más. Pero no dije nada de esto en voz alta. Respondí a sus palabras con una simple mirada inconmovible.

Siguiente tema.

—Cuando eras joven, el Señor te dio una habilidad atlética, pero él permitió que fracasaras. Fue así para que pusieras todo tu esfuerzo en cultivar tu intelecto. Has hecho eso, pero no te ha dado los resultados que esperabas y estás triste.

Este hombre no podría haber hecho un mejor resumen de mis últimos treinta y ocho años.

Nací con habilidad atlética. Era fuerte y rápido. En la liga de béisbol para niños podía jugar en todas las posiciones y siempre bateaba entre los primeros cuatro. Crecí jugando fútbol americano sin protección. Entonces, cuando llegó el momento de comenzar el primer grado de educación media superior, el tiempo en el que jugaría para la escuela, perdí a mi padre. Todo cambió.

No había nadie que pudiera llevarme a las prácticas y regresarme a la casa. Mi madre trabajaba hasta tarde vendiendo seguros y cobrando primas para mantener alimentados y bajo un mismo techo a sus cuatro hijos. Los deportes no estaban en su lista de prioridades. Aprendí cómo preparar la cena, y me perdí los siguientes tres años de actividades deportivas.

El deporte era la cosa más importante en mi vida, no sólo porque lo disfrutaba más que cualquier otra cosa, sino porque si uno era hombre en Texas al principio de los sesenta, esa era la manera en la que uno probaba que era alguien. Si uno era un buen atleta, no necesitaba ser gracioso, inteligente o alocado. Ya la había hecho.

Cuando comencé el cuarto año de media superior, podía jugar deportes otra vez. Me inscribí a los equipos de béisbol y de fútbol americano. Aunque estaba atrasado tres años, me dije a mí mismo que no importaba. Que me repondría. Yo iba a ganar. Pero nunca lo hice. Una lesión en el tobillo me sentó en la banca. Como mi lesión no me evitaba beber y hacer relajo, abandoné el deporte.

Y me entregué a un estilo de vida de borrachera sin freno. Ahí fue cuando el Señor me salvó, *literalmente*. Era el primer semestre del quinto año de media superior. Y entonces comencé a leer, a leer la

Biblia, libros por C.S. Lewis, todo lo que podía encontrar. Y nunca me detuve. Me di cuenta de que, cuando quería, podía sacar la máxima calificación en todas las materias. También me di cuenta de que había una ventaja si la gente me percibía como alguien inteligente. Y mientras más crecía, más grande se volvía esa ventaja.

Por el tiempo en el que entré al seminario, descubrí que no sólo tenía la habilidad para pensar teológicamente, sino que tenía facilidad para los idiomas. En aquel entonces, me fue muy fácil, incluso divertido, aprender griego, hebreo y otros idiomas. En el seminario nadie sabía que yo había jugado deportes en la media superior o en la universidad, y si lo sabían, no le daban importancia. Todos, sin embargo, sabían quienes eran los alumnos que siempre obtenían las calificaciones más altas.

La frase típica que todos los maestros y estudiantes repetían vez tras vez era que las calificaciones no reflejaban espiritualidad. No creo que nadie realmente lo creyera. Yo no. Estoy convencido de que a través de todo mi entrenamiento académico, siempre fui tratado de forma diferente a aquellos cuyas calificaciones eran más bajas. Se me abrían puertas que estaban cerradas para otros. Después del primer año de mi curso doctoral, finalmente fui incluido en el equipo. Dos de nuestros profesores de Antiguo Testamento pidieron permiso para ausentarse dos años. Fui seleccionado para sustituirlos.

—Profesor Deere

Eso era mejor que limpiar los bates de béisbol.

Yo era un profesor. Y no cualquier profesor, como un profesor de química o de inglés. Era profesor de la materia más importante de todas, teología, el estudio de Dios. Y no sólo de cualquier rama de los estudios teológicos—era profesor de posiblemente la materia más difícil de todas, exégesis del Antiguo Testamento e idiomas semíticos. Como resultado, toda la gente, desde mis colegas profesores, mi grupo de amigos y la congregación entera me trataban con un nuevo nivel de respeto.

Nunca nadie me dijo lo peligroso que era ser un profesor de teología, y especialmente un profesor joven. Y nunca nadie me dijo que si uno trataba de tomar su identidad de su inteligencia, especialmente inteligencia teológica, terminaría con el corazón adolorido. Nadie, hasta ahora.

Este profeta era increíble. Tenía razón. Tenía el corazón adolorido. Lo sabía, pero lo escondía. De todos.

Gozo, confusión, asombro. ¿Quedaba alguna otra emoción que no hubiera sentido ya? No iba a permitir dejar que el muro se cayera. Por años, había practicado controlar mis emociones, vigilándolas siempre muy cuidadosamente. Seguí mirando impávido al profeta Eddie Bauer. Todo lo que podía leer de mi rostro era: *puede ser que si, puede ser que no.*

El acento sureño, ahora más suavemente, siguió con el mismo tema.

—Toda esa frustración era necesaria para prepararte a cumplir el llamado de Dios para tu vida.

Así que había un propósito detrás de ese dolor en mi corazón. Era la misericordia de Dios invitándome a caminar por un nuevo camino. Yo tenía un llamado, pero no había entrado todavía en ese llamado. Todo hasta entonces había sido preparación. Dios no me permitiría tener éxito en los deportes, ni tampoco morir borracho en un accidente. Permitió que tuviera éxito académicamente, pero no me iba a dejar permanecer intoxicado por ese éxito. Él envió el dolor a mi corazón para advertirme del peligro de construir mi identidad en cimientos tan endebles como los deportes o los logros académicos.

Me sentí aliviado de mi fracaso deportivo. Nunca más me perseguiría. Nunca se suponía que yo debería sobresalir en los deportes porque Dios tenía algo excelente para mí. La fe y la esperanza danzaban juntas gozosas en mi corazón. Por fuera, sin embargo, no mostraba mis emociones, todavía estoico, todavía con la mirada fija.

Siguiente tema.

—En este momento estás en un conflicto y sientes que sólo tres personas están de tu lado. El Señor me pide que te diga que hay cinco más de tu lado.

Yo *estaba* en un conflicto, y yo *sí* pensaba que sólo tres personas estaban de mi lado. Además de mí, la única persona en el cuarto que sabía esto era Leesa. No había forma de que el profeta supiera acerca de este conflicto, pero lo sabía. ¿Cómo es que sabía esto? ¿Cómo es que se enteró de cualquiera de estas cosas?

Yo estaba perplejo. Él era un profeta real. Y Dios era un Dios real. Desde luego que lo es; todos lo sabemos. Pero algunas veces parece tan distante y tan ajeno a nuestros problemas. Algunas veces pensamos que todo lo que tenemos para que nos guíe a al batalla es un libro de texto sobre la guerra, cuando en realidad lo que necesitamos es un capitán sabio y valiente. Escuché la voz de mi Capitán en esas palabras proféticas. Me estaba diciendo que no me preocupara, que él me guiaría a través de los campos minados en este conflicto.

Para ese momento, se supone que yo debería

haber bajado la guardia. En lugar de eso, seguía conteniendo las lágrimas y me mostraba indiferente a la amorosa omnisciencia de Dios.

Siguiente tema.

El futuro. El profeta dejó el asunto de mi pasado y comenzó con mi futuro. Estas predicciones, creo, me fueron dadas para que medite en ellas no para que las publique. Como estas palabras tratan exclusivamente con el futuro, no pueden ser verificadas. Pero como había acertado en cuatro hechos de mi pasado y les había dado una interpretación significativa, creí sus predicciones.

Debería haber caído sobre mis rodillas como el salmista, clamando a las naciones que dieran gloria a Dios, pero no pude. Mi careta de indiferencia permanecía intacta. Pudiera haber sido obstinación. A lo mejor era orgullo. O posiblemente era una enfermedad en mí que no me permitía mostrar ninguna emoción en público. O simplemente podría ser que me estuviera asegurando de no estarle dando al profeta señales de último minuto. De esa manera, cuando todo terminara, sabría que fue completamente Dios, y que yo no había influenciado nada.

Ahora el profeta había terminado conmigo.

No había ya ninguna razón para mantener mi careta. Había terminado. El profeta me había dicho los secretos de mi corazón. La oración secreta de mi ministerio. El dolor secreto de mi niñez. La frustración secreta de mi adolescencia. El dolor secreto de mi corazón como adulto. El conflicto secreto del momento presente. Con cada secreto vino una promesa que me hacía libre del pasado y me daba esperanza para el futuro. El profeta era real. Yo quería gritar de gozo al Señor, pero no sabía como. En lugar de eso dije simplemente: "Gracias".

—De nada—respondió.

Nadie más dijo una sola palabra. El cuarto había estado tan callado mientras que él había estado revelando mis secretos que había olvidado si había alguien más en el cuarto.

Luego puso su atención en mi esposa. Fue tan preciso y significativo con ella como conmigo. Leesa no levantó ningún escudo. No lo necesitaba. Sólo requirió unas pocas frases antes de que las lágrimas corrieran por su rostro y los gemidos revelaran la transparente honestidad en la cual ella vivía. La suave voz sureña continuó apaciblemente a través de sus lágrimas, sanando y prometiendo. Pero esa historia le corresponde contarla a Leesa, no a mí.

Cuando íbamos saliendo del cuarto, Mike me preguntó:

—¿Fue algo de eso preciso o significativo para ti?

—Todo dio en el clavo. No podría haber sido más exacto—dije.

—Tienes que estar bromeando. Estuve viendo tu rostro todo el tiempo. ¡Estaba seguro de que estabas pensando que todo era sólo un montón de mentiras!

—Es que fui advertido.

—Ah, *ahora* entiendo.

Salí de ese cuarto oscuro a un colorido día de otoño. Estaba extasiado con el descubrimiento de que los profetas estaban realmente vivos y sanos. Estaba enamorado con el ministerio profético. Estaba listo para hablar de sus virtudes con cualquiera que quisiera oír.

Hice un descubrimiento todavía más profundo esa mañana, uno del que no podía hablar en ese momento. Me había esforzado tanto para vencer el dolor de mi pasado, para convertirme en alguien especial. Otros pensaban que yo era especial, pero me sentía con el corazón adolorido. Entonces, a través de las palabras del profeta, el amor sanador de Dios vino a mí, reinterpretando mi pasado, presente y futuro. Dios le dijo al profeta acerca de mi dolor, porque él quería que yo supiera que él siempre había estado allí. Siempre. Cuidando al pequeño niño al que le robaron su padre, cuidando al atleta frustrado, cuidando al borracho rebelde, y cuidando al académico con el corazón adolorido. ¿Por qué? Porque yo *era* especial para él. Ese había sido mi descubrimiento. Había enseñado esa verdad muchas veces a otros. Pero uno puede predicar sin experimentar la verdad por uno mismo. Ahora sentía que yo siempre había sido especial para él, y sentir eso me hizo amar a Dios todavía más. A través del profeta Dios estaba removiendo mi carga por tratar de ser alguien especial, y me estaba diciendo que nunca había necesitado el buscar algo más allá de su amor para encontrar mi valor. Un enamoramiento con Dios acababa de volver a meterse en mi vida, y su tarjeta de presentación era una felicidad que sentía, pero que no podía, en ese momento, explicar.

Algunas de las palabras del profeta me habían fascinado. ¿Que significaba eso de que Dios me daría nuevos padres? ¿Cómo se cumplirían las demás promesas? ¿Tendría que hacer algo especial? No lo sabía entonces, pero ahora conozco la respuesta a ese misterio, el asombro y el hambre habían regresado maravillosamente por completo a mi vida a través de este encuentro profético.

Junto con ese regreso maravilloso vino una sospecha que me asustaba—la sospecha de que había cruzado cierto umbral y que mi vida no volvería a ser tan predecible o cómoda como antes. Después de una larga, y pródiga, ausencia la aventura había finalmente regresado a mi vida.

Sobre todo, me preguntaba, *¿cómo fue que este profeta había podido decirme todo acerca de mi pasado y de mi futuro?* La respuesta a esa pregunta es de lo que se trata todo este libro. Alguien finalmente me dijo. Ahora, yo quiero decírselo a usted.

Dos

DESCUBRA SU DON

Quiero contarles una historia, una historia acerca de un hombre increíble. Su nombre es Paul Cain. Nació en 1929, el año en el que el mercado accionario se colapsó. Su familia apenas sobrevivió la Gran Depresión. Su padre mantenía una familia de cinco miembros con diez centavos la hora haciendo jardinería en el pequeño pueblo de Garland, Texas.

En esa época costaba los mismos diez centavos entrar al cine. Paul recuerda que cuando era un niño, mientras trataba de ver la película, le sobrevenía una visión de su padre inclinado sobre un azadón bajo el sol de agosto, el sudor corriendo por su frente hasta gotear por la punta de su nariz en el césped de una familia mejor acomodada que la suya. Esta visión lo atormentaba. Su padre había pagado por una película de una hora y media con una hora de su propio sudor.

Esa fue la primera señal del llamado profético del joven Paul.

¿Quién hubiera sabido entonces que este muchachito de familia pobre estaba por ver la gloria del Señor y recibir un don que cambiaría vidas a través del mundo?

Paul acababa de cumplir ocho años cuando hizo pública su confesión de fe en Jesucristo al caminar por el pasillo de la iglesia Bautista. Poco tiempo después de eso, él y su hermana mayor, Mildred, fueron a una reunión de oración en la iglesia First Assembly of God (Primera Asamblea de Dios) que estaba cerca. Mientras Paul se estaba arrodillando al frente para orar, sintió una presencia que lo envolvió. Lo asustó. Sintió que o se moriría o que iba a ser llevado al cielo. Se levantó sin terminar de orar, encontró a su hermana y corrió a su casa. Pero la presencia se fue con él.

De hecho, esa presencia se intensificó en el camino a casa. Sintió que se incrementaba un temible e inefable placer. En el momento en el que se metió a la cama, pensó que lo aniquilaría. Entonces el cuarto se llenó con una luz más brillante que el sol de Texas al mediodía. De en medio de la luz una voz lo llamó:

—Paul, Paul.

Aterrorizado y temblando el muchacho cerró sus ojos y se cubrió la cabeza con las cobijas. La voz audible se convirtió en un susurro.

—Antes de que nacieras preparé un ministerio especial para ti.

La luz y la presencia se retiraron. El cuarto volvió a la normalidad. Pero Paul no. Él nunca volvería a ser normal otra vez. Él había sido visitado por el éxtasis y llamado para ser un profeta.

Desde el primer siglo en adelante, Dios ha estado visitando a los santos místicos y enamorados de Dios, de formas similares. Quienes luchaban por encontrar palabras que pudieran expresar el placer y el terror que sintieron en la presencia de la felicidad y la santidad puras.

Un niño de ocho años ciertamente tampoco tenía las palabras para describir tal visitación ni el marco de referencia para comprenderla. Él no lo supo entonces, pero esa noche su entrenamiento profético había comenzado. Y Dios mismo iba a supervisarlo personalmente.

A partir de esa noche, Paul comenzó a saber cosas que la gente ordinaria no sabía. Sentado a la mesa en las reuniones familiares, por ejemplo, a menudo sabía lo que sus parientes estaban pensando. Al principio, él no reconoció su habilidad para *escuchar* los pensamientos de otros como algo especial, ni lo relacionó con la visitación. Él asumió que todos podían hacerlo. Cuando él, inocentemente, comenzó a revelar lo que pensaba que todos los demás sabían también, se dio cuenta, para su vergüenza, que tenía un don singular. El don creó conflictos, así como confusión. Él no podía hacer corresponder las sonrisas agradables de sus parientes a quienes amaba, con los celos y la ira que escondían.

Frecuentemente veía cosas que otros no podían ver; cosas como ángeles y demonios. Algunas veces, antes de que entrara en una casa, podía ver quiénes estaban dentro, cómo estaban vestidos y lo que estaban haciendo. El pastor bautista del sur de Paul, el Dr. Parish, reconoció que el muchacho era especial. Solía llevarse a Paul cuando visitaba a la gente de la congregación, para poder aprovechar la abundante sabiduría profética; sabiduría que encontró muy útil para ministrar a su rebaño.

El llamado dramático de Paul, su profundidad de

revelación detallada, y el grado de su don era inusual, pero la forma en la que ilustra la soberanía de Dios, no. Como la mayoría de los profetas en la Biblia, Paul nunca pidió el don. Dios simplemente lo visitó y lo llamó; como lo hizo con el muchacho Samuel (véase 1 S. 3:1-18). Paul nunca pidió experiencias sobrenaturales. Simplemente sucedieron. Algunas de ellas fueron tan extrañas que le tomó casi cincuenta años antes de que pudiera entender su significado. Más tarde regresaremos a la historia de Paul, mientras tanto permítame enfatizar que Dios todavía está usando el acercamiento *listo o no, ahí te voy* con el cual sorprendió a Paul.

Cómo es que los dones son dados

El don de Paul Cain vino a él de manera soberana, sin anuncio y, al principio, de forma mal entendida. Esta puede ser la manera más común en la que la gente recibe el don profético. Estoy constantemente conociendo personas que han quedado perplejas por experiencias proféticas sorpresivas e inesperadas. "¿Qué me está pasando?", preguntan. A continuación sólo un ejemplo.

Impartición soberana

Recientemente, una mujer llamada Lynette me contó un sueño que la aterrorizaba. Ella veía un pozo de nueve metros de profundidad lleno, hasta el borde, de serpientes venenosas. Arriba de estas serpientes había bebés jugando. Entonces escuchó una voz en el sueño decir: "Saquen a los bebés de en medio de la generación de víboras".

Lynette quería saber lo que el sueño significaba.

Nunca había escuchado la frase *generación de víboras* sino hasta el sueño. Le expliqué que ésta es la descripción que hizo Jesús de los líderes religiosos que lo resistían (véase Mt. 12:34; 23:33). Esos líderes tenían un veneno religioso que había hinchado tanto los corazones de sus víctimas que no podían absorber la vida de Dios. En su sueño estaban representados los líderes de algunas iglesias actuales. Los bebés eran personas recién convertidas o aquellos que asistían a una congregación por la primera vez. En lugar de ser alimentados con la leche de la Palabra de Dios, estaban siendo envenenados por los líderes de la iglesia.

Ella me dijo que regularmente estaba teniendo sueños vívidos como éste. Comenzaron recientemente, sin aviso. Ella no había estado pidiendo tener sueños. Tampoco por revelaciones acerca de la gente, las cuales ella estaba comenzando a tener. Las impresiones no estaban basadas en su conocimiento de la gente. Algunas veces parecían más una voz interior que una impresión. Ella quería saber lo que le estaba pasando. Ella no había buscado nada de esto. De hecho, ella había sido uno de los miembros de la congregación que se oponían vehementemente a los dones del Espíritu.

Yo tenía buenas noticias y malas noticias para Lynette. Las buenas noticias eran que ella estaba siendo llamada al ministerio profético. Las mala noticias eran que ella estaba siendo llamada al ministerio profético.

Esto quería decir que un día ella se regocijaría en la revelación recibida, y al siguiente, tanto ella como sus amigos dudarían de su sanidad mental. Y todos los días la generación de víboras le haría la vida imposible.

Algunas veces los dones proféticos comienzan así.

El Señor no se molesta en anunciarse a sí mismo. Simplemente abre la tapa de las experiencias proféticas, interrumpiendo el aburrimiento de una vida espiritual predecible. Está derramando misterio y aventura en nuestras vidas para que podamos vivir en el reino donde todas las cosas son hechas nuevas (véase 2 Co. 5:17).

El texto que describe esta impartición soberana es 1 Corintios 12:11: "Pero todas estas cosas las hace uno y el mismo Espíritu, repartiendo a cada uno en particular como él quiere".

El Espíritu Santo ha dado soberanamente dones espirituales a cada creyente en el cuerpo de Cristo para que podamos servirnos mejor el uno al otro (1 P. 4:10). A menudo estos dones vienen en el momento de la conversión. Esto ha llevado a algunos a concluir que recibimos todos los dones espirituales que vamos a recibir en nuestra vida cristiana en ese momento, y que no tenemos ningún tipo de influencia sobre las decisiones del Espíritu. Según este punto de vista, si uno quisiera tener el don de profecía pero no lo hubiera recibido en el momento de su conversión, entonces simplemente no lo podría tener, nunca.

Pero la Escritura y la experiencia nos muestran lo contrario.

Impartición apostólica

El apóstol Pablo le dijo a Timoteo: "Te aconsejo que avives el fuego del don de Dios que está en ti por la imposición de mis manos" (2 Ti. 1:6). La palabra traducida como *don* en este pasaje se refiere a dones del Espíritu. Pablo les escribió a los cristianos de Roma: "Deseo veros, para comunicaros algún don espiritual, a fin de que sean confirmados" (Ro. 1:11). Pablo sabía que tenía la autoridad espiritual para impartir dones espirituales que no habían sido dados en el momento de la conversión de alguien.

No quiero discutir acerca de si tenemos apóstoles hoy en día, sin embargo todos podemos reconocer que tenemos líderes que tienen más autoridad que otros. Podría ser que estén llevando a cabo funciones apostólicas. Cuando son guiados por el Señor e imponen manos sobre alguien y oran por dones, la gente recibe dones espirituales, o sus dones aumentan en poder.

John Wimber, quien antes de morir fue pastor de la iglesia Vineyard Christian Fellowship (Comunidad Cristiana La Viña) de Anaheim, California, y quien fue el líder del movimiento Vineyard (La Viña), tenía la autoridad para impartir dones espirituales. Hace unos años, John me pasó al frente de la iglesia un domingo en la tarde, me impuso las manos, y oró que los dones de sanidades y la palabra de conocimiento en mí subieran a un nuevo nivel. Al día siguiente salí en un viaje ministerial a otro país.

En una de las reuniones, después de haber terminado mi mensaje, vi a un hombre que parecía estar entrando en los sesenta. Yo *supe* que tenía miedo de contraer Alzheimer's. No sé como supe de este temor. No tuve una visión ni escuché una voz interior, pero en el momento que lo noté, supe que el miedo al Alzheimer's lo atormentaba. Este tipo de cosas le sucedían regularmente a John, pero nunca me habían sucedido a mí.

—¿Tiene usted miedo de contraer Alzheimer's?—le pregunté.

—Bueno, supongo que todos tenemos miedo de envejecer—respondió.

—¿Pero usted cree estar destinado a padecer Alzheimer's?

—Sí, sí, así es—finalmente admitió.

Lo avergonzó admitir su temor públicamente. No le había contado a nadie acerca de su tormento secreto. Pero Dios lo sabía y detuvo el tormento ese día a través de la palabra profética y la oración.

Este tipo de experiencia me sucedió repetidamente durante ese viaje. La impartición que recibí de John me dio un nuevo nivel de dones de revelación y de sanidades.

Impartición profética

Timoteo recibió otro don espiritual un tiempo después de su conversión. Pablo le dijo: "No descuides el don que hay en ti, que te fue dado mediante profecía con la imposición de las manos del presbiterio" (1 Ti. 4:14). Es posible que algunos de los ancianos fueran profetas, o que hayan impuesto las manos sobre Timoteo como respuesta a la palabra de alguno de los profetas en la congregación. He visto muchas veces que los dones proféticos se activan de esta manera. Lo he visto suceder con la imposición de las manos o algunas veces simplemente a través de que el profeta pronuncie una palabra sobre un creyente.

Leesa tuvo un encuentro profético como éste. Cuando yo era profesor de teología y un completo incrédulo de cualquier experiencia sobrenatural contemporánea, tuvo un sueño acerca de una pareja que estaba por casarse. En el sueño, el matrimonio resultaba haber sido hecho en el infierno. El esposo se convirtió en un hombre abusivo, cruel e infiel.

—¿Qué te parece ese sueño?—me preguntó Leesa.

—Me parece un poco extraño. ¿Te sentías mal del

estómago cuando te fuiste a la cama?

Ambos estábamos seguros de que el sueño no provenía de Dios. Yo estaba seguro de que Dios ya no hablaba de esa manera. Leesa pensó que el sueño no era verdad porque todos creíamos que el novio era un tipo excelente. Nunca se nos ocurrió que su sueño había sido dado para guardarnos de ser engañados por las apariencias. Así que nos olvidamos del sueño y fuimos a la boda. Más tarde, vimos el matrimonio desmoronarse, igual que en el sueño. Pero habíamos olvidado el sueño.

Muchos años después, luego de que comenzamos a creer en los dones del Espíritu, fuimos a una reunión informal con algunos maestros y profetas. Uno de los profetas más ungidos, John Paul Jackson, le profetizó a Leesa que ella comenzaría a tener sueños proféticos. Los sueños comenzaron esa noche y han continuado desde entonces. En el caso de Leesa creo que recibió el don mucho antes de que John Paul orara por ella. El sueño acerca del matrimonio que se disolvió, años antes, era una confirmación de eso. La profecía no dio el don. Sencillamente, lo activó.

Oración personal para pedir dones

Algunos sienten que como el Espíritu Santo da los dones *como él quiere*, es una pérdida de tiempo pedir dones. Pero esto es tanto una mala interpretación de las Escrituras como de la soberanía de Dios. Él hace *todo* como él quiere (véase Ef. 1:11). Pero eso no significa que nuestras acciones no tienen efecto en Dios. Podemos contristar a Dios (Ef. 4:30), y podemos deleitar a Dios (Sal. 147:11). Jesús enseña que nuestras oraciones pueden influir en las actividades de Dios en esta vida. Él dijo: "Y todo lo que pidiereis en oración, creyendo, lo recibiréis" (Mt. 21:22). Santiago expuso el mismo principio en forma negativa: "Pero no tenéis lo que deseáis, porque no pedís" (Stg. 4:2). Finalmente, el acuerdo entre la soberanía de Dios y las oraciones humanas efectivas es un misterio. La Escritura enseña ambos. Así que pida los dones que quiera, porque sus oraciones pueden afectar el deseo del Espíritu Santo para darle dones.

El mismo apóstol escribió que el Espíritu Santo da los dones *como él quiere* también animó a sus lectores a que pidieran dones espirituales por sí mismos. Si alguien habla en lenguas, él o ella deben pedir en oración poder interpretarlas (véase 1 Co. 12:10). Dios está respondiendo oraciones hoy en día por dones espirituales. Si quiere el don de profecía pídalo. La siguiente sección lo va a ayudar a saber si ha recibido el don de profecía.

CÓMO RECONOCER A LOS PROFETAS

Tres habilidades de revelación marcan el ministerio de los profetas, aunque la fuerza de esas habilidades varía de un profeta a otro. Primero, pueden predecir el futuro con exactitud. Tanto José como Agabo sabían que venían hambrunas mundiales (véase Gn. 41:25-32; Hch. 11:27-28). Segundo, pueden revelarnos las prioridades presentes del Señor para nuestras vidas. Por ejemplo, pueden saber cuando debemos ayunar y cuando no (véase Jl. 1:14; 2:12 y 15; Mr. 2:18-20). Pueden llamarnos al arrepentimiento o a un nuevo ministerio. Nos ayudan a encontrar las diferentes maneras en las que podemos agradar a Dios en el tiempo presente (véase Ef.

5:10). Tercero, los profetas pueden iluminar los misterios de nuestras vidas para darle sentido a nuestro dolor. Por ejemplo, Isaías supo una de las razones por la que la gente recta muere antes de tiempo: Dios los libra de los problemas que vienen (véase Is. 57:1). Algunas veces los profetas nos pueden decir por qué algunas de nuestras prácticas espirituales no son efectivas (véase Is. 58:3-6; Jer. 14:12; Zac 7:4-7). O como mencioné al principio de este libro, un profeta me ayudó a entender los propósitos detrás del fracaso atlético de mi juventud y el desencanto de todo el éxito académico al principio de mi carrera.

En resumen, los profetas nos dicen cosas que no podemos ver. Lo hacen por revelación de Dios, no a través del estudio de tendencias actuales, psicología o filosofía. Lo hacen para exhortarnos, consolarnos y edificarnos para que podamos ver y maravillarnos con la belleza, el esplendor, poder, bondad y sabiduría de Jesús. Al ver más de él, nos enamoramos más de Él. Ésta es la razón por la que Dios nos ha dado profetas.

CÓMO RECONOCER EL DON

Cualquier cristiano puede profetizar ocasionalmente sin ser un profeta, de la misma forma en la que uno puede guiar a otro a Cristo sin ser evangelista. Un profeta o profetisa es alguien que profetiza constantemente y con precisión. La experiencia ocasional de un don puede llevarnos a creer falsamente que éste es nuestro don principal, pero si habitualmente tratamos de ministrar en el don equivocado, la frustración y el fracaso son inevitables.

Esto no es algo malo. Para algunos de nosotros es

necesario aprender cual *no* es nuestro don antes de descubrir cual *sí*. Dios también usa la frustración y el fracaso para purificar nuestros motivos en el ministerio.

Una de las formas en las que reconocemos nuestro don es que no tenemos que esforzarnos para que se manifieste. Los profetas no tienen que exprimirse a sí mismos para recibir una revelación. Simplemente viene a ellos incipiente, y si esperan en el Señor, incrementará. Lo mismo es verdad para los evangelistas, maestros, administradores y los que sanan. Necesitamos esforzarnos para adquirir un carácter santo, pero nuestros dones, por definición, son *dados*. Hay otras claves para descubrir nuestro don, pero primero veamos un error común que la gente comete al tratar de descubrir sus dones proféticos.

Una señal falsa

—He sido llamado como profeta—me dijo el joven.

—¿Cómo sabes?—le pregunté.

—Porque siempre estoy viendo lo que está mal en la gente, en las congregaciones y los ministerios.

—Apuesto que tu don te ha traído mucho gozo.

—No, al contrario. La gente a la que he ministrado no entiende realmente el oficio del profeta. Se ofenden con la Palabra de Dios. ¿Qué cree usted que esté mal?

Este joven podría ser que tuviera un llamado profético sobre su vida, pero había perdido el punto principal del ministerio profético. Él estaba pagando su equivocación con una vida sin gozo llena de contiendas. Siempre ver lo que está mal con la gente no es un don; es una obsesión. Frecuentemente es una señal de un desorden de personalidad controlador, iracundo, rígido que provoca dolor en todos los involucrados.

En otra congregación, una pareja muy enojada me dijo:

—No lo podemos entender. Les hemos dicho repetidamente a estos líderes lo que está mal con su ministerio, pero nunca nos escuchan. Usted viene dos días y les dice las mismas cosas, y a usted sí le hacen caso.

Esta pareja, ignorantes de su amargura y falta de autoridad, habían construido su ministerio profético imitando a los profetas del Antiguo Testamento, quienes expresaban la ira santa de Dios contra los líderes corruptos y la gente rebelde.

Dios todavía está enojado con los líderes rebeldes (sólo lea Mt. 23). Pero cuando él quiere revelar su ira a través de un mensajero humano, normalmente lo derrama en un siervo maduro con autoridad divina, no en un profeta principiante.

Encontrar errores en otros y la ira no son señales de un llamado profético, sino más bien de un corazón herido que se ha rehusado a recibir la sanidad de Dios y su misericordia.

El profeta del Nuevo Testamento está llamado principalmente a edificar, no a destruir. La ira usualmente destruye al desanimar a la gente o al inflamarlos con deseos de venganza. La ira santa puede asustar y guiar a los líderes rebeldes al arrepentimiento, pero la mayoría de la gente a la que los profetas del Nuevo Testamento les van a ministrar son creyentes débiles e inmaduros, no gente rebelde o líderes corruptos. El don profético verdadero, no es simplemente ser capaz de ver lo que está mal en la gente, sino ver cómo edificarlos.

No se necesita mucha unción para hacer sentir culpable a la gente. Pero impartir gracia y misericordia requiere un don profético altamente desarrollado. El don llena tanto al profeta como a los creyentes con gozo divino y fe.

Después de mi primer encuentro con un profeta, salí del cuarto fascinado por la omnisciencia, sabiduría, misericordia, bondad y amor de Dios. Fui lleno de gozo. Mi fe se desbordó. Mi pasión por el Señor incrementó. Y yo quería presentarles a todos mis amigos el ministerio profético.

¿Qué tan diferente hubiera sido si yo me hubiera encontrado con una persona iracunda que hubiera querido lincharme por mis pecados? Para ser sincero, yo traía pecados dignos de linchamiento, pero Dios sabía que el linchamiento no me guiaría al arrepentimiento. En lugar de eso, me fascinó con su sabiduría y su amor. ¡Ese encuentro revelador convirtió al pecado en algo tan poco interesante!

Aquí hay algunas maneras para saber si Dios lo está llamando a este tipo de ministerio.

Los deseos de su corazón

Una de las maneras más comunes en la que Dios nos dirige es a través de nuestros deseos. Algunos cristianos creen lo opuesto. Piensan que la voluntad de Dios tiene que ver con ir a donde uno no quiere ir, hacer lo que uno no quiere hacer y ser lo que uno no quiere ser. En resumen, ser miserable. Una señorita muy hermosa una vez me dijo que ella temía que Dios la iba a hacer casarse con hombre feo o con un pastor. "Con todo respeto", me dijo. Puedo decir que ella estaba debatiendo en su mente cual de las dos opciones podría ser peor. Ella había caído en la trampa de pensar que la voluntad de Dios para ella siempre iba a tener cierto grado de castigo. A lo mejor la culpa la llevó a pensar así. O posiblemente alguien le había enseñado que todos los deseos eran malos y que no eran de fiar. Ella, de hecho, terminó casándose con un ministro.

La Biblia tiene un punto de vista más positivo de nuestros deseos. Sostiene la promesa: "Deléitate asimismo en Jehová, y él te concederá las peticiones tu corazón", (Sal. 37:4). Si el Señor es nuestra fuente principal de gozo, entonces podemos confiar en que los deseos de nuestro corazón nos guíen.

¿Desea un don profético? ¿Está deleitándose en el Señor? Si así es, ésta es una señal de que Dios lo está guiando hacia un ministerio profético. No tenga miedo de seguir sus deseos. Si su yugo es realmente fácil y ligera su carga, ¿por qué lo llamaría a servirle con un don con el cual usted no estuviera de acuerdo?

El consejo de otros

Cuando me convencí de que la Biblia enseña que el don de profecía es para hoy, me abrí nerviosamente a él. Pero cuando Dios vino a mí a través de profecía con su amor medicinal, yo quería el don de profecía. En ese tiempo, como no le tenía mucha confianza a mis deseos, necesitaba el consejo de alguno de mis amigos en quienes confiaba para obtener la seguridad de perseguir la profecía como mi propio ministerio. Proverbios afirma que Dios puede usar a nuestros amigos para guiarnos: "Los pensamientos son frustrados donde no hay consejo; mas en la multitud de consejeros se afirman", (Pr. 15:22).

También recibí numerosas palabras proféticas no solicitadas de gente que no me conocía, indicándome que debería perseguir ambos ministerios: el de profecía y los dones de sanidades.

Pregúnteles a aquellos que realmente le conocen qué piensan ellos acerca de su don. Y no tenga miedo de pedirle a personas con el don de profecía que oren por usted.

Intentándolo

Si usted regularmente ha tenido experiencias proféticas indica que tiene un don profético. Al principio, esto puede ser a veces temible. Puede ser que sepa cosas de otros sin que se las hayan contado. Puede ser que escuche un silbo apacible, entrar en trance, o como Ezequiel, ser transportado a otro lugar en visión. Estas experiencias pueden hacerle pensar que está enloqueciendo. Desde luego, siempre existe esa posibilidad, pero es más probable que el Señor le está dando un don profético.

Otra manera en la que puede saber si tiene un don profético es por la exactitud de sus palabras cuando intenta ministrar a otros proféticamente. Y por si edifican a otros o no.

Al final, no hay escape de simplemente tratar de moverse en el don que usted desea. El mejor lugar para probar el ministerio profético *no* es en su iglesia local, en la reunión del domingo por la mañana, especialmente si a su congregación no le gustan los profetas. Una mejor manera de explorar su don es con algunos creyentes que piensen de forma similar o en un grupo en casa dedicado a entrenar a la gente en los dones.

Antes de que procedamos, siguen dos advertencias. Primero, el grupo tiene que tener un líder. Los grupos sin cabeza usualmente no llegan a ningún lado. Segundo, el grupo debe estar bajo la autoridad de su iglesia y contar con la bendición de los líderes de la congregación. No puedo enfatizar esto lo suficiente. ¿Cómo podemos esperar que Dios bendiga nuestro grupo en casa o a nosotros si no estamos honrando la estructura de autoridad en la congregación? El líder debe informarle al pastor o a los ancianos acerca de la naturaleza, la hora y el lugar de la reunión. La reunión debe estar abierta a cualquier persona de la congregación que quiera ir. Algunas congregaciones no apoyan los grupos especiales porque pueden ser usados para fomentar una mentalidad elitista: "Somos más espirituales que los demás", y porque pueden promover actitudes de crítica y aun de rebeldía a la autoridad de la congregación. Un grupo que tiene un líder santo, en sumisión a la autoridad de los líderes de la congregación, puede evitar todo eso.

Cuando dirigía un grupo de estos, pasábamos quince o veinte minutos adorando a Dios. Entonces usualmente predicaba quince minutos acerca de algún tema relacionado con cómo equiparnos para el ministerio. Luego, le pedíamos al Señor que nos guiara para ministrarnos el uno al otro. Uno podría tener una visión o un sentir. Un texto relevante de la Escritura nos venía a la mente para guiarnos a orar por una persona en específico. A menudo éramos guiados a orar por sanidad, dirección, la liberación de dones u otras cosas prácticas relacionadas con el ministerio. Podríamos entonces tener un tiempo de compartir antes del final de la reunión y orábamos por los individuos que habían sido nombrados a través de las palabras proféticas. Algunas de las cosas más emocionantes sucedían después de que la reunión terminaba.

Una de las cosas que me encanta de este tipo de reuniones es que nunca sé lo que realmente va a suceder. La gentileza y la misericordia del Señor continuamente me sorprenden.

Por su bondad y misericordia no tenemos que preocuparnos acerca de descubrir nuestro don. El Dador ha prometido que aquellos que busquen hallarán sus dones. Nuestra búsqueda es realmente sólo una respuesta al anhelo y solicitud de Dios por nosotros.

Tengamos ocho años de edad u ochenta, y sea en una reunión en un grupo de casa, en un encuentro con un profeta, o en una temible y luminosa visita en nuestro cuarto, Dios nos está buscando. Él quiere hacer profetas de algunos de nosotros, pero finalmente él quiere hacerse amigo de todos nosotros, amigos que estén fascinados con el misterio y la aventura de Su santo amor.

Tres

APRENDA CÓMO SE REVELA DIOS

C on el susurro de un secreto comenzó la sanidad.

Ella estaba entrando en sus veinte, con cabello largo y rubio, y ojos tristes. También estaba nerviosa. Ninguno de nosotros la conocía. Era la primera vez que visitaba nuestra iglesia. De pie frente a una multitud de muchos otros que como ella se habían levantado para recibir oración, le pedí a Dios que la sanara de un padecimiento físico crónico. Nada sucedió. Oré otra vez. Parecía que lo único que ella iba a recibir era nada. Hasta que un joven llamado Carlos susurró un secreto.

Carlos era un recién convertido a quien yo estaba entrenando para orar por los enfermos. Él estaba a mi lado, observando mis oraciones sin resultados. Entonces me susurró: "Pregúntele si piensa que Dios no la va a sanar por el aborto que tuvo cuando tenía dieciocho años".

Pensé, *¡De ninguna manera voy a preguntarle a una completa desconocida una pregunta tan personal y dolorosa!*

Entonces pensé en Carlos. Él había sido cristiano apenas seis meses, pero había estado manifestando un admirable don profético.

Entonces pensé en la mujer triste. ¿Qué tenía que perder si Carlos estaba mal? ¿Cuánto podría ganar si Carlos tenía razón? Sólo había una manera de saberlo.

—Discúlpame si esto es inapropiado o si es demasiado impertinente—le dije a la joven—pero, ¿estás sintiendo que Dios no te va a sanar por el aborto que tuviste a los dieciocho años de edad?

Su sorpresa me dijo la respuesta antes de que pudiera hablar. La sorpresa dio lugar al llanto.

Allí estaba ese depósito de dolor otra vez.

No era como el mío, un depósito de amargura e ira por ser víctima de un daño. Su dolor no sanado provenía de algo que ella había hecho mal. Algo que ella pensó que nunca podría ser rectificado. Algo con lo que ella pensó que tendría que vivir hasta el día de su muerte. Le habían dicho que era su propia decisión, su derecho como mujer. Pero después de que decidió, supo que era más que sólo una decisión. Nunca nadie le dijo de la fuerza del amor maternal, o acerca de lo que le pasa a una madre cuando le dice que no a ese amor.

Ahora su corazón flotaba sobre un gran depósito de condenación. Bebía de ese depósito todos los días de su vida. Había mantenido el secreto escondido de sus amigos. Pero el secreto siempre estaba ahí, detrás de su risa, arruinando cada alegría, susurrándole que nunca sería perdonada, que nunca sería feliz. Y cada vez que ella veía a una joven madre cargando a un bebé...

Como ella no podía armarse de valor para contarle el secreto a nadie, nunca nadie le dijo que Dios anhelaba perdonarla y liberarla. Nunca nadie le dijo que Dios pensaba en ella cada día, anhelando enamorarla con Su amor. Nunca nadie le dijo. El secreto lo impedía. Mantenía la presa del depósito intacto.

Dios había decidido que era el momento de romper la presa. Así que, le entregó el secreto a un nuevo creyente, un profeta recién nacido.

—¿Cómo lo supieron? ¿Cómo lo supieron?— lloraba, su cabeza todavía inclinada, sus ojos todavía cerrados.

—Dios nos dijo.

Cuando ella abrió sus ojos, buscó nuestros rostros. Ella sabía que éramos los representantes de Dios, y ahora conocíamos su secreto. Ella esperaba ver condenación. En lugar de eso vio a dos hombres embelesados con el amor omnisciente de Dios. Ahora era su turno de embelesarse por el esplendor de ese amor.

Cuando ella escuchó que Dios la anhelaba, y que estaba listo para perdonarla en ese mismo momento, que estaba listo para hacerla reír otra vez, y que Jesús había muerto para hacer todo eso posible, la presa se rompió y la condenación salió de ella como un río de fuertes corrientes.

Salió del lugar de reunión llena de esperanza, feliz, amada y perdonada.

Y todo sucedió a través de una revelación.

El significado de una revelación

La revelación es Dios haciéndonos saber lo que

no sabíamos o no podríamos saber a través de nuestros sentidos naturales.

¿Cómo fue que Carlos supo del aborto? En su mente él vio a una mujer vestida de una bata larga, sentada en el hombro de la joven susurrándole al oído que ella no podía ser sanada porque se había practicado un aborto a los dieciocho. Sí, sé que suena extraño. Y no, no tengo un texto bíblico para esto.

Ni siquiera tengo una interpretación exacta de lo que Carlos vio. ¿Era una visión en la que la miniatura de la mujer de la bata representaba la conciencia de la joven? ¿Vio él una realidad espiritual, un acusador demoníaco asignado para atormentarla? ¡Quién sabe! Dios sabía, pero no quiso decirnos nada más acerca de la visión. La revelación es a menudo de esa manera, responde una pregunta crucial que ni siquiera sabías que tenías que preguntar, y al responder, deja muchas otras preguntas sin responder. Todos nosotros, los que queremos seguir a Dios, especialmente los profetas, tenemos que acostumbrarnos a caminar en los ámbitos de lo inexplicable.

Por la razón que sea, Dios ha escogido variar la claridad, intensidad y propósito de su revelación. Esto puede hacer que la revelación sea difícil de entender. Y puede afectar nuestra certeza de si es Dios el que está hablando. Consideremos los siguientes ejemplos.

Cuando un profeta bíblico decía: "Dios me habló", usualmente quería decir que el mensaje de Dios no estaba mezclado con la opinión o la interpretación del profeta. Tenía la certeza de estar hablando las palabras de Dios y nada más. Si el profeta decía: "La mano del Señor está sobre mí", quería decir que el mensaje venía con un poder mayor que el de costumbre (véase Ez. 3:22). Y si decía, "El Señor me dijo de esta manera con mano fuerte", significaba que el mensaje había sido grabado profundamente en su alma con poder apremiante (véase Is. 8:11). Pero no toda la revelación viene con esta fuerza.

Algunas veces los apóstoles no tenían la certeza de "Dios ha dicho". En lugar de eso, tenían que contentarse con: "Ha parecido bien al Espíritu Santo y a nosotros" (Hch. 15:28). En otras ocasiones tenían todavía menos claridad o certeza. La sanidad instantánea de un cojo en Listra se basó en algo tan endeble como un sentir (véase Hch. 14:9-10).

El profeta que siempre tiene el cuidado de indicar el nivel de certeza de sus mensajes no sólo es sabio, sino también maduro.

Los autores bíblicos no siempre explicaban las palabras que usaban cuando escribían sus experiencias proféticas. Esto también complica el estudio de la revelación. Por ejemplo, Pablo nunca nos dijo la diferencia entre una *palabra de sabiduría,* una *revelación* y una *profecía*. La frase *palabra de sabiduría* sólo es utilizada una vez, y en un contexto que no nos permite definirla con certeza.

Esto significa que aprendemos más de la revelación al poner atención a los ejemplos concretos de como Dios habló a los profetas que de tratar de definir los términos usados. Así que, ¿Cómo *fue* que Dios habló a los profetas?

LOS MEDIOS DE LA REVELACIÓN

El canal primario en el que Dios habla a los creyentes es a través de la Palabra escrita de Dios, la Biblia. La Biblia tiene más autoridad que la revelación contemporánea porque su autoridad se extiende a toda la gente, en todas partes y en todos los tiempos. Los profetas tienen la responsabilidad de estudiar y meditar en las Escrituras tanto como los maestros y otros creyentes. Sin embargo, adicionalmente a la Biblia, los profetas regularmente escucharán la voz de Dios a través de otros medios.

Apariciones del Señor

Hemos leído que nadie puede ver al Señor y vivir (véase Ex. 33:2). Y aun así, se les apareció a sus amigos e inclusive a un enemigo ocasional (véase Gn. 20:3). Algunas veces aparecía en un sueño o en una visión. Otras, aparecía en forma física (véase Gn. 18:1). En ocasiones venía como el ángel del Señor (véase Ex. 3:2). Y podía aparecer envuelto en su gloria (véase Ex. 16:10; 33:18-34:8). Se revelaba en momentos de crisis, en puntos cruciales en la historia de su pueblo, en momentos de rebelión para advertir o para juzgar y algunas veces se aparecía simplemente para compartir sus planes o prometer una bendición. Si nadie puede ver a Dios, ¿a quién veían cuando se aparecía?

Debe haber sido al Hijo de Dios (véase Jn. 1:14-18).

Una de las cosas que más llaman la atención de estas apariciones es que no eran realmente necesarias. Si el propósito del Padre era solamente darnos información, hubiera enviado ángeles en lugar de a su Hijo. Pero Dios quería enviar lo mejor. Y el Hijo *quería* venir.

Cuando uno está enamorado, anhela estar con la persona a quien uno ama. No está contento con simplemente enviar mensajeros y escribir cartas a la amada. Quiere ir uno mismo. Quiere encantar a esa persona hermosa. Quiere hacer brillar los ojos de su amada. Eche una mirada detrás de las apariciones de Dios a su pueblo, y verá el corazón de Dios ardiendo con pasión. De hecho, la energía que impulsa todas las formas de revelación es el amor santo, radiante e incomparable de Dios por nosotros.

Dios nos ama y quiere estar con nosotros. Este es el misterio más grande que conozco. Y mientras más medito en este misterio, se hace más grande.

Un último punto. Si en el pasado Dios apareció en su gloria a un pueblo murmurante y desagradecido (véase Ex. 16-9-10), ¿por qué no iba a aparecerse el día de hoy a los que lo buscan con todo su corazón?

Ángeles

Los ángeles son: "Espíritus ministradores, enviados para servicio a favor de los que serán herederos de la salvación" (He. 1:14). Los ángeles hacen muchas cosas por nosotros. Nos protegen cuando caminamos a través del fuego, nos libran de la mano del enemigo y nos traen mensajes desde el cielo. Cuando dejamos esta vida nos escoltan al cielo (véase Lc. 16:22). Los ángeles pueden aparecerse en su gloria o en forma humana como un invitado en nuestra casa sin nunca revelar su verdadera identidad (véase He. 13:2). O pueden servirnos, sin darnos una sola pista de su presencia. Aun así, los profetas los ven frecuentemente cuando otros no (véase 2 R. 6:15-17).

Recientemente, una profetisa santa, conocida mía de años, me dijo la siguiente historia, la cual creo. Estando enferma en su cama en la tarde, desanimada por lo que ella percibía como falta de progreso espiritual, esta mujer clamó a Dios que la cambiara. Aunque sus ojos estaban cerrados, y aunque nunca oyó que la puerta se abriera, ella sabía que alguien acababa de entrar al cuarto. Alguien se estaba acercando a su cama. Ella tenía miedo de abrir los ojos. Ahora alguien estaba revoloteando sobre ella. Entonces sintió las manos más suaves y cariñosas sobre su rostro, primero puestas verticalmente cubriendo sus mejillas y sus ojos, y entonces una mano se posaba horizontalmente sobre su frente. Esto se repitió tres veces.

Abrió sus ojos.

De pie junto a su cama estaba una anciana de un metro cincuenta de estatura. Llevaba un vestido azul rey y su cabello estaba cubierto con un velo azul rey.

—Gracias—dijo la profetisa.

—Si estás interesada en cambiar, éste es el momento—dijo la anciana, quien enseguida volteó para mirar por la ventana detrás de la cama.

—Ya me tengo que ir—dijo la anciana mientras flotaba hacia arriba a través del techo.

Esta no fue una visión. Fue una visitación. La profetisa estaba completamente despierta durante toda la experiencia, la cual duró como un minuto, y sintió los efectos espirituales y físicos inmediatamente después de este encuentro.

A la mañana siguiente la profetisa se levantó de la cama al amanecer, llena de energía. Su dolor de cabeza, la garganta irritada y el cansancio que la habían estado molestando durante una semana se habían ido. Estaba contenta. Se sentía tan especial para Dios. Él había enviado a un ángel para tocarla. Ahora, ella estaba confiada de que podía cambiar y de que cambiaría.

Creo que el mensaje del ángel no sólo era para la profetisa, sino para todos los que queremos cambiar. Este es el tiempo de cambiar, para prepararse para un derramamiento del Espíritu Santo. En la Biblia, los encuentros con ángeles se incrementaban justo antes de momentos clave en la historia del pueblo de Dios. Y a lo mejor, sólo a lo mejor, un momento clave se acerca, sea a través del toque de un ángel o a través de la voz audible de Dios.

Voz audible

Dios habló en voz audible a individuos, multitudes e incluso a una nación entera. Moisés regularmente escuchaba la voz audible de Dios, sin embargo, fuera de la experiencia de Moisés, en voz audible es la manera más escasa en la que Dios habla (véase Nm. 12:6-8). En la Escritura, la voz audible de Dios viene en momentos de crisis (véase Gn. 22:11-12), o en puntos claves como la entrega de la ley en Sinaí, el bautismo o la transfiguración de Jesús la semana antes de la cruz y la conversión del apóstol Pablo.

A todos nos gustaría tener la claridad de la voz audible de Dios para guiarnos. Pero hay un precio para esa claridad. Como regla general, lo más clara que es la revelación, lo más difícil que será cumplir con esa revelación. La claridad y el poder originales de la revelación tienen el propósito de evitar que nos rindamos a dudas que nos debiliten en medio de la prueba que suele seguir a la revelación.

Dios todavía habla en voz audible. Nada en las Escrituras enseña que, una vez que la Biblia fuera completada, Dios dejaría de hablar en voz audible. Líderes evangélicos confiables, conocidos en nuestro tiempo reportan haber escuchado la voz audible de Dios, y su integridad es incuestionable.

Se podría pensar que Dios les habla en voz audible sólo a los líderes de congregaciones importantes. Pero ese no es el caso. Aunque yo nunca he escuchado la voz audible de Dios, conozco personas confiables que sí, y algunos de ellos no son líderes en su iglesia.

Audible sólo para sus oídos

En este caso, usted puede oír la voz de Dios, pero nadie más, incluso cuando hay alguien parado junto a usted en el momento en que la voz de Dios le habla. Samuel escuchó que lo llamaban por su nombre de una forma tan fuerte que pensó que debía ser Elí en el cuarto de junto quien lo llamaba. Se levantó de la cama y fue con Elí, pero Elí dijo que él no lo había llamado. Esto sucedió dos veces más antes de que Elí se diera cuenta de que el Señor estaba hablando audiblemente al pequeño Samuel, pero no a él. Elí le dijo a Samuel lo que tenía que decir la siguiente vez que la voz lo llamara: "Habla, Señor, porque tu siervo oye". Samuel hizo como le fue dicho, y el Señor le dio su primera profecía (véase 1 S. 3:1-14).

La voz audible interna

Ésta es tan clara como la voz audible, solamente que no se escucha con los oídos, sino con la mente. En la Escritura, la frase: "La palabra de Dios vino a mí diciendo", probablemente se refiere a la voz interna audible. Cuando algunos de los ancianos se sentaron delante de Ezequiel, vino la Palabra del Señor, y le dio un mensaje para los ancianos (véase Ez. 14:1), no parece como si Ezequiel estuviera escuchando una voz audible.

He experimentado esta forma de la voz de Dios en algunas ocasiones, pero es la forma menos usual en la que Dios me habla. Y siempre involucra algo que es muy importante para mí.

Fragmentos de frases

Maher-Shalal-Hash-Baz. ¿Qué significa *eso*? Isaías tampoco lo sabía. Sólo se le dijo que lo escribiera en un libro (véase Is. 8:1). Aquí están estas cuatro palabras hebreas unidas en una frase sin estructura gramatical. Las palabras eran tan claras como la voz audible, pero su significado no. Contenían un misterio. Algunas veces Dios sólo habla una palabra. Y mientras la palabra sea clara, su interpretación posiblemente no. ¿Por qué razón Dios concede una clara revelación y entonces esconde su interpretación?

Él hace esto para su gloria. Nuestra gloria es buscar su significado (véase Pr. 25:2).

Las verdades más profundas y bellas son sencillas y claras en la superficie. Tristemente, ahí es en donde la mayoría de nosotros nos quedamos, en la superficie. Pero cuando dejamos el plano de la aceptación superficial de una verdad en particular y rendimos el corazón a una contemplación prolongada de esa verdad, nos transportamos a planos infinitos de misterio.

Consideremos un momento la sencilla verdad de que Dios nos ama. Todos nosotros lo creemos, pero a muchos de nosotros se nos acaba unos pocos meses después de nuestra conversión. ¿Qué nos pasaría a usted y a mí si nos sumergiéramos debajo de la superficie de esta verdad fundamental? ¿Qué pasaría si nos hiciéramos una pregunta sencilla: "Por qué Dios nos ama"? ¿Y qué pasaría si nos rehusáramos a darnos por vencidos hasta que tuviéramos la respuesta?

Para responder esa pregunta tendríamos que pensar acerca de Dios. Pero para poder pensar correctamente acerca de él, tendríamos que entrar en su presencia. Una vez ahí, comenzaríamos a verlo, su belleza, su esplendor y su santidad; el misterio de su amor incrementaría con cada nueva revelación de su ser. ¿Por qué alguien como Dios ama a personas como nosotros? Pero mientras el misterio incrementara, también nuestra fascinación por su santidad. Entre más viéramos, más amaríamos. Entre más amáramos a Dios por quien es él, sería mayor la gloria que le diéramos. Y mayor sería nuestra gloria, porque al amarlo, comenzaríamos a parecernos más a él y reflejaríamos más de su gloria.

Cada revelación para nosotros de una Persona infinita nunca puede ser más que un correr parcial del velo de Aquél que nos está atrayendo en pos de él a planos eternos de belleza misteriosa.

Esa sola palabra de Dios que desafía el entendimiento inmediato posiblemente fue enviada para traer romance, misterio y gloria de regreso a nuestra relación con él.

Un saber

Hay veces cuando una revelación divina no viene en la forma de un mensaje hablado. Puede ser algo que simplemente sabemos. Y puede ser que no exista una razón lógica de *cómo* lo sabemos. Cuando Jesús estaba hablando con la mujer en el pozo, él supo que ella había tenido cinco maridos y que no estaba casada con el hombre con el que estaba viviendo (véase Jn. 4:18). En otras ocasiones, la Biblia simplemente dice que Jesús conocía los pensamientos o los planes de los hombres (véase Mt. 22:18, Mr. 2:8, Jn. 6:15).

Después de una reunión, usualmente espero al frente del auditorio con un equipo de ministros para orar por la gente. A menudo simplemente sé los secretos de los que vienen para oración. Por ejemplo, al final de una reunión, el pastor invitó a todos los que tuvieran un dolor crónico a que vinieran a que oraran por ellos. Una mujer a la que yo nunca había conocido venía caminando hacia mí. Aunque yo no la conocía supe que ella no bebía. También supe que ella estaba segura de que terminaría siendo alcohólica. Ella había venido al frente para tener alivio de un dolor crónico, no de temores crónicos. Pero su temor estaba en la agenda de Dios para ese día. Cuando le pregunté, ella admitió que aunque no bebía, tenía la certeza de que ella estaba destinada al alcoholismo. Satanás a menudo atormenta con ese tipo de temores. Ese día, la prisión de sus temores fue abierta y la mujer fue hecha libre.

Ésta es una experiencia bastante normal no sólo para mí, sino para muchos otros. Creemos que Jesús es el que conoce los corazones y que revela los secretos de los corazones para liberarnos tanto de los autoengaños como de los engaños satánicos.

Impresiones

Las impresiones difieren de los *saberes* en que son menos ciertas. Son el sentimiento de que debemos hacer algo o de que algo es verdad. Dios usa impresiones o los sentimientos para guiarnos. Nehemías dijo: "Entonces puso Dios en mi corazón que reuniese a los nobles y oficiales" (Neh. 7:5). Desde un punto de vista bíblico, el corazón es el centro de las emociones y los afectos. Nehemías siguió un sentir en su corazón, no una voz audible o una palabra profética. Él asumió que este sentir provenía de Dios. Cuando Pablo estuvo predicando en Listra, *vio* que un hombre en la audiencia tenía la fe para ser sanado (véase Hch. 14:9). Uno no puede ver fe en otro físicamente.

Pablo tuvo una percepción, intuición, impresión o sentir de que esto era así en ese hombre. Y cuando Pablo actuó siguiendo ese sentir, el hombre fue sanado.

Sueños, visiones y trances

Dios usa los sueños para hablar con nosotros cuando nuestras defensas están desactivadas y somos más receptivos. Las visiones son similares a los sueños, pero normalmente ocurren cuando estamos despiertos. Algunas veces la Biblia no hace distinciones entre sueños y visiones; utiliza los dos términos para describir la misma experiencia (véase Dn. 7:1-2). Un trance es una visión en la que perdemos contacto con nuestros sentidos físicos. Ambos, Pedro y Pablo, cayeron en trance o éxtasis (véase Hch. 10:10; 22:17). Aunque el Antiguo Testamento no utiliza la palabra trance o éxtasis, parece que Balaam, Saúl y Daniel los experimentaron (véase Nm. 24:4; 1 S. 19:23-24; Dn. 10:9).

Los trances no son comunes en el registro bíblico, pero los sueños y las visiones sí.

Sin embargo, en una o en dos maneras habla Dios; pero el hombre no entiende. Por sueño, en visión nocturna, cuando el sueño cae sobre los hombres, cuando se adormecen sobre el lecho, entonces revela al oído de los hombres, y les señala su consejo, para quitar al hombre de su obra, y apartar del varón la soberbia. Detendrá su alma del sepulcro, y su vida que perezca a espada.

—JOB 33:14-18

Esto se aplica también al Nuevo Testamento, donde los sueños y las visiones ocurren todo el tiempo. El último libro del Nuevo Testamento, por ejemplo, es una visión profética extendida.

Aunque Dios habla con mucha gente en sueños y visiones, lo hace todavía más con sus profetas (véase Nm. 12:6). La Biblia nos anima a esperar un incremento agudo del uso de experiencias visionarias de parte de Dios.

> Y en los postreros días, dice Dios, derramaré de mi Espíritu sobre toda carne, y vuestros hijos y vuestras hijas profetizarán; vuestros jóvenes verán visiones, y vuestros ancianos soñarán sueños; y de cierto sobre mis siervos y sobre mis siervas en aquellos días derramaré de mi Espíritu, y profetizarán.
> —HECHOS 2:17-18

De acuerdo con la Biblia, se supone que los sueños y las visiones son una parte normal de la vida de la iglesia.

Algunos sueños y visiones proféticos pueden ser fáciles y sencillos de entender. Otros son complejos y llenos de simbolismo. Dios puede usar una visión para llevar a un profeta a algún otro lado. Isaías fue llevado al cielo para recibir su comisión (véase Is. 6:1). Juan fue llevado al cielo y se le mostraron los últimos días (Apocalipsis).

Estas experiencias son tan reales que puede ser que el profeta no sepa si son en el cuerpo o en una visión. Cuando Pablo fue llevado al tercer cielo, no podía decir si su viaje había sido físico o espiritual (véase 2 Co. 12:3). Ezequiel fue *alzado por el Espíritu* y transportado a un lugar donde podía ver pecados secretos (véase Ez. 8:3). Conozco bastantes profetas hoy en día que han tenido experiencias similares, y algunos que las tienen regularmente.

¿Por qué Dios le habla a su pueblo, especialmente a sus profetas, en lenguaje visionario? ¿Por qué no los sienta en una silla confortable con una taza de café y les pone el mensaje en la mente?

Porque estamos formados por más que mente, tenemos espíritu y carne. Y tenemos emociones que afectan poderosamente nuestro comportamiento. Algunas veces una imagen *vale* mil palabras. Cuando ignoramos una advertencia trillada, un sueño gráfico puede sacudirnos de nuestro estado complaciente. O la visión de un gozo futuro puede provocar que resistamos una dificultad presente mucho tiempo después de que hayamos olvidado la promesa en tinta.

También vivimos en un mundo que está lleno de misterio y con otros seres espirituales bastante diferentes a nosotros. Y aunque hemos sido creados a imagen de Dios, y tenemos cierto parecido con él, él es infinitamente más distinto (véase Is. 55:8-9). Hay planos de verdad y experiencia que trascienden el entendimiento humano. Las visitaciones y las visiones misteriosas de Dios nos permiten experimentar estos planos.

El mundo natural

Dios nos habla a través de la creación, al menos, en tres maneras diferentes. Primero, la belleza y el diseño de la creación revelan la existencia de un Diseñador quien es a la vez hermoso y poderoso (véase Ro. 1:19-20). Segundo, el mundo natural es una explosión de analogías del mundo espiritual, las cuales ilustran principios espirituales para nosotros. Por ejemplo, una persona perezosa puede aprender bastante de observar los caminos de la humilde hormiga (véase Pr. 6:6-11). Tercero, Dios puede iluminar los eventos naturales para comunicar sus planes o expresar sus caminos. Por ejemplo, el Señor usó una plaga de langosta para darle a Joel un mensaje para la nación (véase Jl. 2:25-27). Utilizó el fuego, el viento y un terremoto para hacerle entender un punto a Elías (véase 1 R. 19:11-12). Jesús usó historias acerca de la vida diaria para revelar la verdad divina. Dios iluminará cualquier cosa en el mundo natural para hablarnos si es que tenemos nuestros ojos entrenados para ver, nuestros oídos para oír y nuestros corazones para recibir.

Vellones

Dios algunas veces habla a través de *vellones* (véase Jue. 6:36-40). Creo que puede ser apropiado poner un vellón cuando tenemos que tomar una decisión, especialmente cuando hemos llegado a un atolladero. Hemos orado y esperado, pero todavía no estamos seguros.

Tengo tres precauciones con respecto a este método para probar la voluntad de Dios. Primero, asegúrese de que el vellón sea sobrenatural y que no pueda ser manipulado por ninguno que esté involucrado en la decisión. Segundo, use los vellones raras veces y como último recurso. El uso excesivo de los vellones indica una idea de Dios que lo asemeja más a un genio personal que a un Dios soberano y todopoderoso. Si caemos en ese concepto de Dios, nos conducirá a una pérdida de la intimidad con él. Tercero, recuerde que los vellones son una forma de revelación más baja y menos personal. Cuando usamos un vellón, estamos confesando que: o que Dios no nos ha hablado, o que no lo pudimos escuchar con nuestro corazón o que lo que sí nos ha dicho, no hemos tenido confianza de hacerlo.

Manifestaciones físicas en el cuerpo

Una mujer enferma tocó el borde del manto de Jesús, pero Jesús no sintió el toque. En lugar de eso, sintió el poder sanador salir de su cuerpo e irse hacia la mujer. Sintió la sensación, así que se detuvo a buscar a la mujer porque quería hacerle saber que fue la fe de ella en él, y no el poder de su manto, lo que la sanó (véase Lc. 8:45-46).

Hoy no es raro que Dios hable a la gente profética a través de señales físicas. Un profeta que conozco siente un escalofrío en su cuerpo cuando está en la presencia de una víctima del SIDA. Algunas veces, cuando estoy hablando con un grupo, siento un dolor que no es mío. Esto me ayuda a identificar a gente que el Señor quiere que yo sane. Tan pronto como le pido a la gente con ese dolor que pase para orar, el dolor que siento se va.

Las manifestaciones físicas siempre han sido un tema controversial en la iglesia. Están sujetas al abuso y la falsificación. Las personas que las experimentan a veces se sienten superiores a los demás. Las personas que no las experimenta a veces piensan que los que sí las sienten son inestables. Pero éstas no son buenas razones para rechazar las señales. Cualquier cosa buena puede ser objeto de abuso o de ser falsificada.

Recuerde, somos más que nuestras mentes. Nuestros cuerpos constantemente nos están diciendo cosas: cuando descansar, cuando comer, cuando ver un doctor y demás. Regularmente usamos nuestros cuerpos más que nuestras palabras para comunicar amor, antipatía, apatía y muchas otras cosas el uno al otro. Si ese es el caso, ¿por qué pensamos que sea extraño que Dios use nuestros cuerpos para comunicarse con nosotros?

Si recibe señales físicas en su cuerpo, investigue lo que significan, sin embargo, no abuse de ellas y no les dé demasiada importancia.

Los cinco sentidos espirituales

Los creyentes en la Biblia no tienen problemas para creer que los profetas bíblicos podían ver cosas con sus ojos espirituales y escuchar cosas con sus oídos espirituales. Las visiones no se ven con los ojos naturales y la voz audible interna no se escucha con los oídos naturales. Pero, ¿qué acerca de los sentidos del gusto, tacto y olfato? ¿Tienen correspondencia espiritual también? Aunque no hay mucha evidencia bíblica para el gusto, tacto y olfato espirituales, hay tres líneas de evidencia que fundamentan que Dios habla a través de estos sentidos también. Primero, por analogía esperaríamos que él hiciera eso. Como él nos habla a través de vista y oído espirituales, debemos esperar que él transforme los otros tres sentidos también a menos que haya una razón convincente por la que él no lo haría.

Segundo, los profetas principiantes, así como los profetas maduros, están recibiendo mensajes hoy a través de los sentidos espirituales del gusto, el tacto y el olfato. Una mujer que conozco frecuentemente *huele* víctimas de incesto. Cuando una víctima de abuso entra a su congregación o a una reunión, ella a menudo percibe un aroma a azufre. Entonces ora por encontrar el momento adecuado para ministrar a la persona herida.

Tercero, el enemigo también puede usar los cinco sentidos. He estado en la presencia de tacto, olfato y gusto demoníaco en algunas ocasiones cuando hemos estado echando fuera demonios de la gente. El diablo no es un creador, sino un imitador y falsificador de las obras y métodos de Dios. La copia y la falsificación supone la existencia de lo real. Más adelante hablaremos de cómo protegernos de la revelación falsa.

UNA PALABRA DE ADVERTENCIA

La experiencia profética es una de las experiencias más sobrenaturales de la Biblia. Y así sigue siendo en nuestros días. Hay dos errores comunes que cometen aquellos que buscan un ministerio sobrenatural. El primero de ellos es pensar que si un ángel nos visitara, o si pudiéramos escuchar la voz audible de Dios o si fuéramos llevados al cielo todos nuestros problemas se resolverían y que podríamos tener siempre la fe de obedecer a Dios. Pero ese no es el caso.

Toda una nación observó cuando Dios envió diez plagas a sus opresores. Esa misma nación caminó a través de un mar que Dios partió para ellos. Lo vieron descender sobre una montaña en su gloria ardiente y le escucharon hablarles en su voz audible. Y aun así, ese mismo pueblo adoró un becerro de oro y se entregaron a orgías sexuales.

Hubo, incluso, grandes profetas que experimentaron el milagroso poder de Dios pero quienes tuvieron fallas significativas en sus vidas. Moisés había partido el Mar Rojo y hablado con Dios cara a cara y al final de su vida desobedeció a Dios y murió fuera de la tierra prometida. Elías hizo bajar fuego del cielo y al minuto siguiente estaba huyendo de Jezabel por su vida. No hay experiencia espiritual que pueda eliminar nuestra necesidad de caminar por fe cada día.

El segundo error es llegar a enamorarse más de las experiencias sobrenaturales que del Señor mismo. Este error es especialmente común cuando estamos apenas conociendo el ministerio profético. Si la revelación y el poder se convierten en algo más importante que nuestra amistad con Jesús, nos convertiremos en mayordomos ineptos del don que nos ha sido confiado, con el tiempo nos engañaremos a nosotros mismos y a aquellos que nos sigan.

Como el amor santo del Padre es lo que está detrás de toda revelación, enviándola, protegiéndola e interpretándola, *debemos* estar sumergidos en ese amor. Porque Dios va a confiar sus secretos, y los secretos de otros, sólo a aquellos que lo amen a él y a todo lo que ha creado.

Cuatro

DISCIERNA LA VOZ DE DIOS

Cuando Mike Bickle me dijo que uno de los profetas más asombrosos de Estados Unidos vivía en Garland, Texas, y que quería encontrarse conmigo en la ciudad de Dallas, yo no sabía que esperar. Él parecía más un abuelo que un profeta asombroso, sentado a la mesa del restaurante conmigo y con otros tres predicadores de mi edad. Él tenía cincuenta y ocho, pero podría haber pasado fácilmente por sesenta y cinco, con su cabello blanco y arrugas profundas. Podríamos haber pasado por sus hijos, excepto que no tenía hijos y nunca los tendría.

Se oía más como un buen historiador que un asombroso profeta. Nos atrapó con historias increíbles del poder de Dios durante el avivamiento de sanidades que comenzó en la década de los cincuenta. Él conocía todos los nombres famosos relacionados con ese movimiento. Él había compartido la plataforma con muchos de ellos alrededor del mundo, y sabía las cosas buenas y malas de esas personas.

Él nunca se refería a sí mismo como profeta. Si alguna vez hacía referencia a su don de revelación era del pasado. Aun así, no hablaba demasiado de eso. Pero no estábamos realmente interesados en el pasado. Queríamos poder para el presente; donde podría hacer bien a alguien. Habíamos venido a aprender acerca de revelación de un profeta asombroso. Queríamos conocer los secretos de escuchar la voz de Dios. Sin ser mal educados al decirlo, todos concluimos que éste no era el hombre que podría enseñarnos acerca de la voz de Dios. Aunque él hubiera sido un profeta poderoso en sus días, definitivamente hacía mucho tiempo que sus días habían pasado.

Ninguno de nosotros estaba suficientemente impresionado, ni siquiera para invitarlo a compartir a su congregación. Sin embargo, con lo que yo quedé impresionado fue con su bondad. Aun cuando estaba hablando de los fracasos de sus contemporáneos su voz estaba llena de amor por ellos. No había un gramo de condenación en este hombre. Pero no estábamos buscando gente linda. Estábamos buscando gente poderosa, gente que podría impartirnos ese poder a nosotros, para que así nosotros pudiéramos impartírselo a nuestra congregación.

Hubo algo que no consideré. Sus ojos tenían la mirada de otro mundo, esa mirada que había visto antes. Pero eso lo deseché porque no cuadraba con el resto del paquete, el cual era, definitivamente, *no* profético.

Yo no sabía que esos ojos estaban asomándose sin esfuerzo dentro de las almas de los cuatro predicadores sentados a la mesa. No sabía que él ya sabía que uno de nosotros llevaba ya años sufriendo, que uno de nosotros caería en pecado y dejaría el ministerio y que uno de nosotros se convertiría en un hijo para él. Yo no lo supe, porque él no me dijo. Por lo menos, no entonces.

Tampoco sabía que éste era un encuentro soberano, arreglado años atrás por Dios para mi beneficio. Tampoco sabía que era una prueba para revelar cuán poco discernimiento poseía. Y no sabía que Dios me estaba enseñando en esa misma reunión la clave para escuchar su voz. La suma total de lo que no sabía hubiera sido abrumadora, si es que fuera posible abrumar la misericordia de Dios.

Ese fue mi primer encuentro con Paul Cain, uno de los padres espirituales que Dios me había prometido a través de otro profeta tres semanas antes. Aun así, fracasé en reconocerlo como profeta y como padre. Yo no tenía oídos para oír.

Cuatro pruebas

Dios no es el único que nos habla. Nuestros propios pensamientos y emociones nos hablan. La presión que sentimos de otros también nos habla. El diablo también nos habla (véase Ap. 12:10). Todas esas voces.

La Biblia

El mundo se va a acabar. Todos saben eso. Pero *cuando* es el tema de debates científicos y teológicos no pequeños. Alguien, utilizando cálculos matemáticos basados en la Biblia predijo que el rapto ocurriría en septiembre de 1988. Adquirió un número significativo de seguidores a pesar del hecho que Jesús dijo: "Pero el día y la hora nadie sabe, ni aun los ángeles de los cielos, sino sólo mi Padre" (Mt. 24:36).

La llegada del año 2000 y los temores del Y2K condujeron a algunos a predecir la fecha exacta de la segunda venida. Un maestro reconocido usó los valores numéricos de las letras hebreas en combinación con el hecho de que muchos programas antiguos de computadoras utilizaban 9999 como su comando de salida, para sugerir que el rapto sucedería el 9 de septiembre de 1999. En su artículo, él incluso citó Mt. 24:36, recordándole a sus lectores que nadie conocía realmente la fecha del rapto. Sin embargo, su artículo estaba especulando claramente que Jesús vendría el 9 de septiembre de 1999.

Especular acerca del tiempo de un evento que ha sido declarado que no se puede conocer por un Ser Omnisciente nunca ha sido una utilización productiva del tiempo. Pero al ponerle más atención a lo que la Biblia dice, mucha gente ha sido salvada de más que solamente perder el tiempo.

Cuando el apóstol Pablo llegó a Berea predicando a Cristo en una sinagoga judía, por ejemplo, los de Berea: "Escudriñando cada día las Escrituras para ver si estas cosas eran así" (Hch. 17:11). Su disposición para escudriñar las Escrituras salvó sus vidas para siempre. Nosotros también debemos seguir el ejemplo de los de Berea. La Biblia es la primera prueba a través de la cual nuestra experiencia subjetiva debe pasar. Si mi impresión contradice la Biblia entonces la descarto. Podríamos pensar que los creyentes en la Biblia no aceptan nada como verdad si contradice la Biblia, pero lo hacemos todo el tiempo.

Por ejemplo, jóvenes cristianos se casan con inconversos a cada rato, convencidos de que Dios les ha dado su bendición, aunque la Biblia dice que no lo hagan (véase 2 Co. 6:14). Si queremos algo lo suficiente siempre encontraremos una razón por la cual somos la excepción a la regla.

Aun así, Jesús dijo: "La escritura no puede ser quebrantada" (Jn. 10:35). Que yo sepa, no hay indicios de que Dios quebrante su Palabra. Nunca nos ordena que hagamos lo que la Biblia prohíbe. La orden de Dios para que Abraham sacrificara a Isaac algunas veces se cita como una excepción a este principio, pero un estudio cuidadoso muestra que no es así. Aunque la voz de Dios puede contradecir una de nuestras interpretaciones de la Biblia, nunca va a contradecir la Biblia, no importa lo que nuestro corazón nos diga.

Su carácter

Durante doce años ella se despertó cada día pensando que ese día iba a morir. Nunca se le ocurrió pensar que la voz que le estaba diciendo eso era un mentiroso consumado.

La conocí en un congreso en otro país. Mientras yo estaba hablando, tuve la impresión de que algunas personas en la audiencia sentían que iban a morir antes de tiempo. Les pedí a los que se sintieran así que pasaran al frente para que pudiéramos orar por ellos. Dos mujeres pasaron al frente.

Caminé hacia una de ellas. Era pelirroja y estaba a la mitad de sus treinta. Se veía como si debiera estar disfrutando la vida, sin embargo estaba sólo soportándola.

—¿Crees que vas a morir prematuramente?—le pregunté.

—Sí. Eso es lo que creo que Dios me está diciendo.

—¿Crees que tus hijos van a morir antes de tiempo también?

—Sí—dijo en el momento en el que rompió en llanto.

—Ese no es Dios hablándote—le dije.

—¿Cómo sabe?

—¿Cómo te hace sentir esa voz?

—Impotente.

—Esa es la razón por la que no puede ser Dios. Sus palabras traen esperanza y no desaliento. ¿Desde cuándo es que esta voz te ha estado diciendo que tú y tus hijos van a morir pronto?

—Doce años.

—Esa es otra razón por la que esa voz está mintiendo. Doce años no es pronto.

Creo que la mujer fue liberada esa noche de esa voz atormentadora. La voz que amenaza una muerte prematura es una trampa común. Los cristianos caen en ella todo el tiempo porque no han aprendido a reconocer el carácter de la voz de Dios. No es como si él nunca le anunciara a la gente que están próximos a morir. Él le dijo al apóstol Pablo que el tiempo de su partida había llegado (véase 2 Ti. 4:6). Pero la palabra produjo gozo y paz en él, no desesperación y terror. Dios reserva las palabras aterrorizantes para aquellos en rebeldía contra él. Él habla palabras de ánimo a sus hijos débiles e inmaduros que puede ser que se estén tropezando, pero que se están tropezando hacia él.

Si leemos la Biblia con la iluminación del Espíritu Santo, vamos a aprender a reconocer el carácter de la voz de Dios. En la Escritura vemos que cuando Jesús les habló a sus seguidores nunca los condenó, los regaño o los importunó. Su voz es calmada, callada y llena de autoridad. Aun sus advertencias y reprimendas traen esperanza. Si es realmente la sabiduría de Dios la que viene a nosotros, debe traer paz a los que verdaderamente escuchamos (véase Stg. 3:17; Fil. 4:6-7; Jn. 16:33).

La voz del diablo hace exactamente lo opuesto. Él nos acusa y nos condena para robar nuestra esperanza y nuestra fe (Ap. 12:10).

Las voces tienen caracteres diferentes. Escuche bien el carácter de cada voz que le habla antes de que la atribuya a Dios.

Su fruto

¿Qué tipo de fruto produce esa voz interior cuando la sigue? Jesús dijo que podríamos reconocer la diferencia entre verdaderos y falsos profetas por el fruto de sus ministerios (véase Mt. 7:15-23). De la misma manera, si estamos siguiendo la voz del Señor, vamos a ver el fruto del Espíritu en nuestra vida, aun si la gente rechaza nuestro ministerio.

Ponga atención a los resultados de las diferentes voces que usted sigue. Lleve registros. ¿Qué pasa cuando sigue la voz de ira, esa voz que dice *Dios va a juzgar al que se te opone*? ¿Qué pasa cuando sigue la voz de la codicia que dice, *Tienes que tenerlo ahora*? ¿Qué sucede cuando sigue la voz de temor que dice, *Es que tú no puedes*?

Si estamos siguiendo la voz de Dios, podemos esperar experimentar el fruto del Espíritu, especialmente paz (véase Fil. 4:9)

Su contenido

Hay dos versículos en la Biblia que no han sido creídos por creyentes de la Biblia en todas las eras. Aquellos que fracasen en creer estos versículos también van a fracasar en escuchar mucho de lo que

Dios les está diciendo. Me estoy refiriendo a Isaías 55:8-9: "Porque mis pensamientos no son vuestros pensamientos, ni vuestros caminos mis caminos, dijo el Señor. Como son más altos los cielos que la tierra, así son mis caminos más altos que vuestros caminos, y mis pensamientos más que vuestros pensamientos".

La mayoría de nosotros los cristianos decimos que creemos esto, pero la verdad es que lo creemos para alguien más. Tendemos a pensar que es el vecino el que no entiende los caminos de Dios.

Si los pensamientos y las acciones de Dios difieren enormemente de los nuestros, dos verdades indiscutibles siguen. Primero, las cosas más importantes de la vida sólo pueden ser entendidas por revelación divina. El intelecto humano sin ayuda, sin importar cuán brillante, no será suficiente para penetrar los caminos de Dios. Segundo, cuando la revelación divina viene, nos va a parecer equivocada al principio a la mayoría de nosotros.

Cuando Jesús les dijo a sus discípulos que iba a ser crucificado pero que resucitaría tres días después, Pedro dijo: "¡Nunca, Señor!". Pedro estaba diciendo que éste era un plan equivocado. Que era lo opuesto a lo que debería de suceder. No importa cuantas veces Jesús les dijo a sus discípulos acerca de la cruz, ellos no lo podían entender o aceptar. Si sus mejores amigos no podían entender su cruz, ¿qué hay del resto del mundo?

Los griegos y romanos pensaban que el mensaje de la cruz eran puras tonterías. La crucifixión estaba reservada para los criminales más despreciables. Era ilegal crucificar a un ciudadano romano sin importar cuál hubiera sido su crimen. No había ningún ejemplo de un dios crucificado en la mitología griega o romana. Un dios crucificado era una contradicción de términos. ¿Qué Dios se sometería alguna vez a tal humillación? Los judíos no podían aceptar el mensaje de la cruz porque de acuerdo con Deuteronomio 21:22-23 era maldito todo aquel que fuera colgado en un madero. Ellos pensaban que era imposible que Dios se hubiera puesto a sí mismo bajo maldición.

La cruz de Jesús contradecía la experiencia y la sabiduría humanas, aun la de los estudiosos de la Biblia entendidos en ella. Después de dos mil años, la cruz todavía es un misterio que ha sido parcialmente entendido. Es normal para Dios venir a nosotros en una forma que hace difícil que lo reconozcamos, y en una manera que hace muy fácil que lo rechacemos. ¿Cómo podría ser de otra forma cuando nos estamos relacionando con nuestro Creador, quien es infinitamente superior a nosotros en cada aspecto?

Nuestra inhabilidad para reconocer a Dios y sus caminos es una de las razones por la que nos envía profetas. Si queremos ser profetas, tenemos que poner cuidadosa atención a los pensamientos que vienen quién sabe de dónde con un mensaje que contradice nuestras maneras normales de actuar o de pensar.

Estas cuatro pruebas para las voces que escuchamos—la Escritura, su carácter, su fruto y su contenido —nos ayudan a reconocer la voz de Dios. Pero, a lo mejor ya notó usted que estas pruebas tienen una falla fatal. Esta falla está en el corazón humano que trata de usar estas pruebas para su propio beneficio.

Yo conocía estas cuatro pruebas cuando conocí a Paul Cain por primera vez. De hecho, incluso las estaba aplicando en nuestra comida. Aun así, me perdí de lo que Dios me estaba diciendo. Pensé que estaba pasando la tarde con un viejito cuyo ministerio ya había acabado. En lugar de eso, Dios me estaba dando una amistad profunda con un profeta ungido quien me ayudaría más que cualquier otra persona a escuchar la voz de Dios. Él me estaba dando más que un amigo. Me estaba dando un padre quien probaría ser una bendición increíble no sólo para mí, sino para mi esposa y mis hijos, y para muchos, muchos de mis amigos en los años siguientes a esa comida. Pero en ese día fallé en reconocer al profeta, al amigo, al padre a la bendición que sería para mí, ¿por qué? Porque no pude ver más allá del empaque del maravilloso regalo que venía dentro.

Pasaría casi un año antes de que me diera cuenta sólo un poco de lo que el Señor me estaba dando en mi relación con Paul. Por el otro lado, antes de que Paul se levantara de la mesa, ya sabía que el Señor nos estaba uniendo en una relación especial. Él también sabía que yo era ignorante de ese hecho, y que tomaría algo de tiempo antes de que pudiera darme cuenta. Y sabía la causa de mi ignorancia. ¿Por que sabía él tanto y yo tan poco? La amistad se daría en un año, pero la respuesta a esa pregunta no vendría durante varios años.

La respuesta llegó en una playa, en Perth, Australia.

ABRACEMOS NUESTRAS DEBILIDADES

No importa como lo viera, la noche anterior había sido un rotundo fracaso. ¿Cómo es que Paul había fallado tan horriblemente? ¿En qué estaba pensando? ¿O fue nuestra culpa por ponerlo en la plataforma la noche equivocada? ¿O estaba Dios detrás de todo este fiasco? Para mi mente esa era la posibilidad menos probable.

En el año que siguió a esa comida, Paul y yo tuvimos más comidas. Las comidas se convirtieron en cenas regulares en nuestra casa. Nos hicimos buenos amigos. Toda mi familia amaba a Paul. Yo todavía no lo había visto ministrar proféticamente, así que seguía pensando de él como que ya habían pasado sus buenos tiempos. Entonces me invitó a que lo acompañara a ministrar dos días en San Luis, Missouri. Lo vi llamar a gente del público y revelar los secretos de sus corazones y los planes de Dios para ellos. Les dijo a las personas sus enfermedades y oró por ellos, algunas veces declarándolos sanos. Yo estaba perplejo. Nunca había visto algo parecido. Después de la reunión, dije:

—Paul, ¿por qué no me dijiste que podías hacer eso?

—¿Hacer qué?

—¿Hacer qué? ¡Ministrar así! Llamar a tanta gente, saber cosas tan detalladas de ellos.

—¿Qué no te dije que el Señor me usa proféticamente?

—Me imagino que sí. Pero de la manera en la que me lo dijiste me hizo pensar que todo eso había sido en el pasado.

Desde ese momento en adelante, Paul y yo comenzamos a ministrar juntos. Se lo presenté a John Wimber y los dos se hicieron buenos amigos. Ahora los tres estábamos ministrando juntos. Y eso fue lo que nos llevó al fiasco.

La gente había venido de todo Australia a la ciudad costera de Perth en marzo de 1990 para experimentar el don profético de Paul. Muchos habían viajado en auto grandes distancias, esperando milagros y revelación sobrenatural en el congreso que John Wimber había organizado.

En la segunda noche del congreso Paul dio uno de sus mensajes menos útiles. Estaba distraído y tenía dificultades en mantener sus pensamientos en orden aun y cuando estaba predicando leyendo notas escritas a máquina. No había por qué preocuparse porque la mayoría de la gente no había venido a verlo enseñar, sino a verlo profetizar. Después del tortuoso mensaje, la audiencia contuvo el aliento, esperando que el profeta revelara los secretos de sus corazones y les hablara del futuro. Nunca sucedió. Paul simplemente se bajó de la plataforma, y nos dejó a nosotros para encargarnos de la decepción de la gente.

Al día siguiente, Paul y yo íbamos caminando por la playa cuando le dije:

—Paul, he notado un patrón en ti. Algunas veces cuando enseñas, es maravilloso, y cuando profetizas es todavía mejor. Otras veces cuando enseñas, tienes dificultades en hablar. Pero no importa porque entonces al final nos dices palabras proféticas que nos dejan perplejos. Pero, anoche ni la enseñanza, ni la profecía salieron muy bien que digamos. Y mucha gente se fue decepcionada. ¿Por qué pasa eso?

—Sé lo que me estás preguntando Jack—dijo Paul con una de sus sonrisas de abuelo. Sé que vinieron a ver mi don. Y sé que tengo un don maravilloso. Sería falsa humildad si dijera otra cosa. Pero es un don, no un talento. La forma en la que el Señor me hizo me previene de hacer cualquier cosa especial con ese don a menos que él me unja. No soy un vaso de oro o de plata. Soy un vaso de barro nada especial que contiene un don profético muy especial. El Señor puso el don en un vaso ordinario para que la gente nunca confundiera ambos, nunca fueran tentados a darme la gloria a mí en lugar de a Dios. De tiempo en tiempo el Señor le recuerda a la gente mi carácter terrenal. Lo que soy realmente, Jack, sólo soy un viejo ridículo con un don milagroso. Anoche el Señor decidió que la gente necesitaba ver solamente al viejo ridículo sin el don. No sé por qué hizo eso, pero sé que si no lo acepto dejará de usarme. El precio que pago por mi don es vivir con la decepción de la gente y soportando la vergüenza de que la unción me abandone.

Hasta ese momento yo no había visto a nadie abrazar su aguijón en la carne tan humildemente y de todo corazón. Me dio un mejor entendimiento de por qué a Paul le había sido confiado un don poderoso y por qué es tan bueno interpretando el lenguaje profético del Espíritu Santo.

El corazón humilde

Paul Cain había aprendido el mismo secreto que el apóstol Pablo—que el poder de Cristo reposa sobre personas que aceptan sus debilidades (véase 2 Co. 12:9-10). Una debilidad en este sentido no es un pecado. Tampoco es la inmadurez normal que dejamos mientras nos acercamos más a Cristo. Es la falta de habilidad o fuerza para hacer algo que consideramos deseable o necesario. Puede ser un impedimento físico, como un impedimento para hablar, o un rasgo de personalidad que no nos gusta como la timidez. El apóstol Pablo no nos dijo cuál era su debilidad, sólo que era un tormentoso, demoníaco *aguijón* en su carne (v. 7). A lo mejor si hubiera mencionado su debilidad específica, tendríamos la tendencia de glorificar su debilidad y minimizar las nuestras.

Muchos de nosotros estamos atribulados por nuestras debilidades; las vemos como impedimentos permanentes. Pero los humildes ven sus debilidades como oportunidades para que el poder de Cristo descanse sobre ellos. Lo que vi esa mañana era humildad, la clave no sólo para reconocer la voz de Dios, sino para entenderla.

La Escritura declara que el humilde escucha y entiende la voz de Dios. Entre todos los profetas del Antiguo Testamento ninguno escuchó la voz de Dios como Moisés, porque él era: "Muy manso, más que todos los hombres que había sobre la tierra" (Nm. 12:3-8). De hecho, la humildad es una de las principales cualidades de carácter de todos los grandes profetas. La humildad es el camino a la intimidad con Dios. David lo dijo así: "Porque el Señor es excelso, y atiende al humilde, mas al altivo mira de lejos" (Sal. 138:6).

Si somos humildes, Dios nos va a *atender*, esto es, va a tener intimidad con nosotros. Si somos altivos, no vamos a escuchar su voz. Él va a tratar con nosotros a distancia.

¿Qué es la humildad? Los diccionarios a menudo comienzan diciéndonos lo que no es—no altivo, no arrogante, no soberbio, no asertivo y no pretencioso. Pero, ¿qué sí es? ¿Es acaso la humildad vernos negativamente a nosotros mismos, creer que no tenemos valor y que somos insignificantes? De ninguna manera. Juan el Bautista sabía que él era especial. Su nacimiento fue anunciado con anticipación por el ángel Gabriel, uno de sólo dos ángeles nombrados en las Escrituras (véase Lc. 1:11-20). Su nacimiento fue celebrado con una de las palabras proféticas más poderosas de la Biblia (véase Lc. 1:67-69). Él sabía que, como profeta, se le había dado el privilegio más grande de todos. Él sabía que era la *voz* de Isaías 40:3, el precursor del Mesías. Juan sabía que era especial, aun así era humilde.

La humildad no es la negación de nuestros atributos. Es creer en nuestro corazón que nuestras mejores cualidades no son lo suficientemente buenas para hacernos merecer la atención de Dios, o siquiera hacernos ganar la posición más baja para servirle. Juan sabía que él era grande, pero en comparación con el Mesías dijo que no era digno de ejecutar el acto más bajo de servicio: ayudarle al Mesías a quitarse el calzado de sus pies (Jn. 1:27). La humildad es vernos a nosotros mismos, no en comparación con otro, sino a la luz de la grandeza de Dios.

Si la humildad es tan esencial en oír la voz de Dios, ¿cómo la conseguimos? No es leyendo acerca de ella.

EL DESIERTO

La humildad se adquiere en el desierto. Moisés, David, Juan el Bautista y Jesús, todos, tuvieron un tiempo significativo de entrenamiento en el desierto. Todos los que son usados grandemente por el Señor son conducidos al *desierto* para obtener humildad. Dios incluso envió toda una nación al desierto por cuarenta años para hacerla humilde, para llevarlos a una actitud de dependencia y gratitud semejantes a las de un niño (Dt. 8.1).

El ministerio profético a menudo es espectacular. Los profetas pueden fascinar a una audiencia, incluso una nación entera. A causa de eso, es fácil que los profetas se inflen. El desierto es la cura tanto

para el orgullo personal, como para el orgullo profético. Entre mayor sea el don profético, mayor y
más severo será el tiempo en el desierto. Dele la
bienvenida al desierto. Significa que un don de
humildad ha sido impartido y que la restauración
está en camino.

Jesús dijo que nadie sobre la tierra era mayor que
Juan el Bautista (véase Mt. 11:11). ¿Por qué? Porque
nadie ha abrazado la humildad como Juan. No era
sólo que Juan había comenzado a ser humilde cuando miró a Jesús y se vio a sí mismo pequeño en sus
propios ojos. Él abrazó la humildad aun y cuando
significaba que su ministerio iba a menguar en la
presencia de Jesús. Él dijo de Jesús: "Es necesario
que él crezca, pero que yo mengüe" (Jn. 3:30). Él
sabía, en la cima de su popularidad, que la venida
de Jesús significaba el final del ministerio del precursor. Otros se hubieran ofendido por la pérdida de su
ministerio. A Juan le parecía que estaba bien.
¿Dónde fue que aprendió a responder tan humildemente? En el desierto.

DIOS TODAVÍA USA EL DESIERTO

Quiero contarle acerca de la experiencia en el
desierto de Paul Cain porque creo que le va a ani-
mar con la suya. Desde su nacimiento, Paul ha
tenido bastantes razones para convertirse en un profeta orgulloso. De hecho, él me dijo que en los
primeros años de su ministerio se sentía tan confiado
en su don profético que creía que era invulnerable.
El desierto lo salvó.

En 1929, la madre de Paul, Anna Cain, estaba
encinta con Paul. Ella apenas tenía cuarenta y cuatro

años, pero estaba en cama muriéndose. El cáncer había destruido sus senos y estaba creciendo en su útero. Además, tenía tuberculosis y falla cardiaca congestiva. Los médicos del hospital Baylor de Dallas no podían hacer nada más por ella. La enviaron a casa a morir. A la media noche se le apareció un ángel y le dijo que ella no iba a morir, ni tampoco el niño que crecía en su vientre. El bebé era un varón, y viviría para predicar el Evangelio en el poder del apóstol Pablo. Le dijo que le pusiera a su hijo por nombre Paul. Anna fue sanada y dio a luz a un varón, justo como el ángel había dicho.

El ángel no quería decir que Paul sería un predicador, maestro o teólogo como el apóstol, sino que cuando Paul predicara, podría esperar ver algo de las sanidades y el poder de revelación que caracterizó el ministerio de Pablo.

Anna no le dijo a su hijo acerca de la sanidad milagrosa ni de la anunciación angelical de su nacimiento. Ella sabía el orgullo que esto podía causar en él. Ella se esperó a decírselo hasta que la dirección de su vida estuviera claramente trazada.

El hijo de Anna se convirtió en predicador como el ángel había dicho. Las sanidades y los milagros eran algo común en las reuniones de avivamiento de Paul incluso cuando él era un predicador adolescente. Cuando joven, al principio de los años cincuenta, se convirtió en una figura prominente del movimiento de sanidad. Al final de los cincuenta, el movimiento se había corrompido. A Paul le dolía en el corazón haber estado relacionado con él. El Señor le hizo una promesa en medio de su desaliento. Si Paul amaba al Señor más que a la fama o al dinero, y se contentaba con que el Señor lo escondiera, no sólo en un desierto, sino en el patio trasero de un desierto, entonces le permitiría un día estar delante de una nueva generación de gente profética. El Señor le prometió que la nueva generación tendría el carácter para soportar el poder de Dios sin ser corrompida por él. Paul le creyó a Dios, quien le dio una señal de que la promesa era real. La madre de Paul no moriría antes de que él comenzara a conocer a la nueva generación. Ella estaba entonces a la mitad de sus setenta. Él pensó que su tiempo en el desierto terminaría pronto.

La promesa tomó efecto inmediatamente. Paulo salió de la escena ministerial nacional y se fue a vivir a una pequeña casita en un desierto literal en Phoenix, Arizona. Durante once años su cama fue un sofá de la sala mientras cuidaba a su madre anciana. Trató de pastorear un par de congregaciones durante ese tiempo, pero fracasó. Él no era pastor, y las iglesias no tenían lugar para un profeta. La mayoría del tiempo vivía en zozobra, recibiendo apenas suficientes invitaciones a predicar para mantenerlo a flote. Los viejos amigos y colegas lo olvidaron.

Pero el Señor nunca se olvidó. Algunas veces de la nada el Señor enviaba un *cuervo* ocasional con un regalo. Y por lo que sucedía en sus reuniones, durante esa época, el Señor le confirmó que le había dado revelación y milagros mayores que en su ministerio nacional previo. El Señor nunca permite que los reportes de las reuniones exitosas se escuchen más allá del desierto.

Muchas veces la muerte vino llamando a la madre de Paul y los médicos decían que no duraría más que algunos días. Pero Paul sabía que estaban equivocados. Ella no moriría hasta que él conociera a la nueva generación que Dios había prometido, y eso aún no había ocurrido.

Para el 1990, Paul sintió que estaba viendo algo de la nueva generación de Dios, o al menos a algunos que estaban siendo invitados a ser parte de la nueva generación. Finalmente, en abril de ese año, Anna Cain se fue a casa. Ella tenía 104 años cuando hizo su viaje al cielo. Era primavera, la estación de los nuevos comienzos y Paul finalmente salió de ese desierto.

Yo sé que las anunciaciones angelicales de nacimientos y las promesas de una nueva generación suenan como si estuviéramos llevando las cosas demasiado lejos. Y el que yo lo cuente suena un poco autocomplaciente ya que fue algo que le sucedió a uno de mis amigos. ¿Puedo probar algo de esto? Tratamos de conseguir registros del hospital Baylor y nos dijeron que ya no existían. Pero yo he visto los milagros y he conversado con otros que atestiguaron algunos de sus primeros milagros. He visto al Señor llevar a Paul delante de gobernantes de países para audiencias privadas como lo hizo con los profetas antiguos.

Y acerca de la nueva generación, puedo encontrar promesas de su advenimiento en las Escrituras. ¿Van a venir en los últimos días, o puede ser que vengan varias nuevas generaciones antes de los últimos días? No lo sé. Sólo sé que algo más glorioso viene en camino, y los profetas van a jugar un papel principal en ello.

¿Y qué hay acerca del niño de Anna, ahora un viejo ridículo en sus setenta años de edad? ¿Está realmente ungido por Dios? Su vida cae en un patrón profético bíblico—anunciación angelical, vivir en el desierto antes de que el verdadero ministerio comience, humildad y poder profético. Yo escucho el carácter de la voz de Dios y veo el fruto de su Espíritu en Paul. Y viene en un paquete que es demasiado fácil de rechazar.

Cinco

ENTIENDA EL PROPÓSITO DE DIOS

Presión sanguínea.

De la nada esas palabras entraron en mi mente. La mujer que yo estaba viendo parecía perfectamente saludable. Ella estaba sentada en la tercera fila a mi izquierda. Yo estaba en la plataforma, viendo a la multitud, orando por revelación. Y entonces vino, nada sugería que la mujer pudiera tener problemas de presión sanguínea y yo no había estado hablando ni pensando en enfermedades.

Me había estado acostumbrando a experiencias semejantes, experiencias que algunos llaman *palabras de sabiduría*. De cualquier modo, no estaba acostumbrado a lo que iba a suceder después, ni estaba preparado para la lección que el Señor estaba a punto de darme, una lección acerca de cómo debemos escuchar cuando él habla, y todavía más importante, una lección acerca de mi corazón.

Miré a la mujer un momento más. Esto iba a ser impresionante. Yo estaba seguro.

—¿Tiene usted la presión alta?—le pregunté a la mujer.

—No—contestó.

No lo podía creer. Yo estaba seguro de que el Señor me había indicado que era así. A lo mejor yo me había apresurado a llamarla a *ella*. Posiblemente era alguien en su familia.

—¿Alguien en su familia tiene presión alta?

—No.

Strike dos. A lo mejor la revelación no era para esta mujer sino para alguien sentado cerca de ella, y yo no le había dado al Señor suficiente tiempo para indicarme quien era realmente.

—¿Alguno de los que están sentado cerca de esta mujer tienen presión alta?—le pregunté a la audiencia.

Strike tres. Supongo que podría haber continuado con: "Bueno, ¿existe alguien aquí que conozca a alguien en alguna parte de este planeta que posiblemente tenga la presión alta o la haya tenido en algún momento?". Me hubieran sacado del equipo. Si yo simplemente aceptaba el strike tres, posiblemente me permitirían batear de nuevo. La congregación en la que estaba hablando era la Trinity Fellowship de Amarillo, Texas, una de mis congregaciones favoritas. Yo quería quedarme en el equipo allí. Así que, avergonzado y confundido, admití mi error y continué con la reunión.

Después de la reunión, la mujer quien había dicho no tener la presión alta vino conmigo y me dijo:

—Sabe, mi esposo tiene la presión baja. Y es tan grave que algunas veces se desmaya. ¿Cree usted que esto tenga algo que ver con lo que usted estaba diciendo?

Yo había cometido un error de principiante en el ministerio profético.

La misericordia del Señor es tan grande que pude vencer mi error, a fin de que no se perdiera nada de lo que no era necesario que se perdiera. De hecho, en realidad gané más por mi error que lo que hubiera ganado por mi éxito. Antes de que explique el error, permítame explicar la misericordia. Primero, el Señor todavía nos permitió identificar quien tenía el problema de presión sanguínea para que pudiéramos orar por él. Segundo, el Señor me mostró porque había cometido el error para que pudiera aprender de él. Tercero, como estoy escribiendo acerca de él en este momento, usted y otros pueden beneficiarse de mi fracaso. Cuarto, había algo que yo necesitaba perder. La vergüenza que sufrí fue un pequeño precio que pagar por esa pérdida, la cual compartiré con ustedes más tarde.

Lo maravilloso que pude sacar de este pequeño fracaso fue que cuando estamos dispuestos a arriesgarnos a vernos ridículos para el Señor, su misericordia redime incluso nuestros errores y nos hacer ser mejores.

¿Qué me llevó a ese error? De hecho, fueron dos errores. Nadie vio el primero, ni siquiera yo, porque sucedió en un lugar oculto de mi corazón. El primer error produjo el error que la audiencia vio, una simple falla en mis métodos, lo cual era algo más fácil de corregir que el error que cometí en mi corazón.

Revelación, interpretación y aplicación

El error en mi método fue éste: fracasé en distinguir entre revelación (lo que se dice), interpretación (lo que significa) y la aplicación (qué hacemos con eso). Estos tres factores están involucrados cada vez que Dios nos habla.

La revelación es el mensaje de Dios. El mensaje puede venir a través de la Biblia, un sueño, una impresión o en otras formas. Si una revelación es de Dios entonces debe ser cierta porque el Señor no miente (véase He. 6:18). Sin embargo, podemos tener una revelación verdadera y darle una interpretación equivocada. Aun más, podemos tener una revelación verdadera, una interpretación correcta y una aplicación errónea. Tenemos que estar bien en las tres etapas si es que el mensaje del Señor le va a beneficiar a alguien.

Yo había escuchado las palabras "presión sanguínea" en mi mente cuando vi a la mujer. La revelación fue verdadera, pero mi interpretación fue falsa. Inmediatamente deduje que debía significar presión alta. Después de todo, la presión alta es mucho más común que la presión baja. La otra cosa que asumí fue que la revelación se trataba acerca de la mujer que estaba viendo cuando la palabra entró en mi mente. El llamarla en público (la aplicación), aseguró que yo fuera avergonzado.

Esto es lo que debí haber hecho. Le debí preguntar al Señor que era lo que significaba la palabra de presión sanguínea y como se aplicaba a esta mujer. Supongamos que hubiera hecho eso, pero que el Señor no me hubiera contestado. Entonces le hubiera pedido a la mujer que me ayudara con la interpretación. Pude haber dicho:

—Hace unos momentos, la estaba observando y las palabras "presión sanguínea" vinieron a mi mente. ¿Estas palabras significan algo para usted?

Si yo hubiera hecho eso, ella hubiera dicho:
—¡Dios mío! Así es. ¡Mi esposo padece de presión baja e incluso se desmaya a causa de eso!

Incluso los profetas más desarrollados pueden aplicar mal una revelación. El profeta Agabo escuchó al Espíritu Santo decir que cuando Pablo fuera a Jerusalén sería encarcelado. Los compañeros de Pablo, incluyendo a Lucas y posiblemente al mismo Agabo, le suplicaron que no fuera a Jerusalén. Pero Pablo fue de todos modos (véase Hch. 21:10-14). La revelación era verdad. Pero Pablo y sus compañeros salieron con dos aplicaciones diferentes de la revelación. Una de las dos tenía que estar mal.

Así que una práctica que podría ayudar es distinguir entre revelación, interpretación y aplicación.

ANÓTELO

Otra práctica que podría ayudar es seguir el ejemplo de Daniel. Él escribió sus visiones y sueños inmediatamente después de tenerlos (véase Dn. 7:1). No podemos interpretar lo que no podemos recordar. Podemos tener el sueño más vívido y pensar que nunca lo vamos a olvidar. Pero si no lo escribimos, entre diez y quince minutos después de despertarnos, lo más seguro es que olvidaremos el sueño en menos de una hora. Las visiones y las impresiones también se pueden ir pronto, así como la iluminación recibida por meditar en la Escritura. Yo he desarrollado el hábito de anotar todo. Esto me ha ayudado a resolver la tendencia de Dios de hablarme en momentos *inconvenientes*. Creo que el Señor nos habla en momentos inconvenientes para probar nuestro deseo de escucharle.

Durante mucha de mi vida cristiana no aprecié la espontaneidad de Dios. Asumí que él me hablaría solamente a través de la Biblia, y que sería *cuando* yo estuviera estudiando la Biblia. Simplemente, me parecía razonable que Dios se acomodara a mi modo preferido de comunicación divina y a mi horario. Después de todo, yo estaba bastante ocupado sirviéndolo. Yo tomaba apuntes durante mi estudio bíblico y Dios me hablaba. Aprendí cosas acerca de Dios, el diablo, los demonios, de mí mismo y de otros. Pero también me perdí de mucho de lo que Dios me hablaba durante esa época porque me restringía a escuchar a Dios en una sola forma de comunicación divina y, principalmente, en un momento del día.

Aunque Dios me hablaba en varias ocasiones y de diferentes maneras, yo ignoraba esas maneras porque pensaba que no eran confiables. Pensaba que me distraerían de la Biblia y aun minar mi amor por ella. Yo esperaba que Dios me hablara solamente cuando estaba sentado a mi cómodo escritorio con una Biblia abierta, algunos otros libros, un cuaderno de notas, una taza caliente de café a la mano. No era muy personal y no se parecía mucho a la manera en la que él le habló a la gente de la Biblia, pero era conveniente. Y se ajustaba a mi personalidad académica.

Cuando finalmente decidí que la manera en la que Dios le hablaba a la gente en la Biblia era también la manera en la que él le habla a la gente hoy, comencé a escuchar su voz más frecuentemente y más personalmente. Ahora tengo una relación más íntima con él. A causa de la intimidad de nuestra relación, hablo seguido con él durante el día. Y él conmigo. Lo que he descubierto es que él no es ni de cerca lo predecible que yo solía imaginarme que él era. Y ese descubrimiento ha hecho mi vida con él mucho más llena de aventuras.

Siempre tengo papel, pluma y a veces una pequeña grabadora conmigo dondequiera que voy, incluso junto a mi cama. Si me despierto a las 3:00 a.m. al final de un sueño vívido, lo anoto. Si me viene una iluminación mientras voy conduciendo, puedo usar la grabadora para registrarlo. Dios a veces nos habla durante tareas mundanas. Cuando lo hace, necesitamos detenernos y anotarlo. Este hábito nos ayuda a meditar en lo que él nos dice. Algunas veces nos muestra algo que no va a suceder sino hasta dentro de algunos meses, incluso años. Tomemos a María como ejemplo.

Cuando los pastores vinieron a María para decirle lo que los ángeles habían dicho de su pequeño hijo, ella: "Guardaba todas estas cosas, meditándolas en su corazón" (Lc. 2:19). Cuando su hijo a los doce años se separó de la caravana para pasar tres días más en el templo, ella no entendió su excusa enigmática, pero ella: "Guardaba todas estas cosas en su corazón" (Lc. 2:51). Años después cuando ella necesitó ese tesoro para ayudarle a pasar por su más grande dolor, estaba allí escondido a salvo sólo para ese día.

Paul Cain nos sorprendió a todos en un congreso en 1990. Sacó una hojita amarillenta de papel que contenía una profecía que él había recibido del Señor en los años sesenta acerca de una señorita, quién, luego supimos, ni siquiera había nacido en el tiempo en el que Paul recibió la profecía. Él había cargado consigo la profecía casi treinta años esperando conocer a esa mujer. Y ahí estaba ella en Anaheim, California. La profecía le ajustaba perfectamente bien, pero tomó años antes de que pudiera probársela.

Si no escribimos la revelación, podemos perder la bendición que era para nosotros y para otros. Incluso, puede costarnos dinero, como me sucedió una vez.

Estaba haciendo algo cuando de la nada vino a mi mente una impresión acerca de una acción que tengo. La impresión era que la acción iba a triplicar su valor, y que cuando lo hiciera, debería venderla. Estaba seguro de que esto era de Dios. No lo escribí, pero se lo dije a mi esposa. La acción comenzó a subir hasta que se triplicó. No la vendí. Había olvidado la impresión. Además, nadie piensa que su acción ascendente dejará en algún momento de seguir a la alza. Todavía tengo esa acción. Y su precio bajó al mismo precio que tenía el día que tuve la impresión. Mi esposa me recordó mi sentir—después de que el precio de la acción bajó. También me recordó que practicara lo que predico: "Jack, anótalo".

EL PAPEL DEL CORAZÓN

Anotar tus revelaciones, así como distinguir entre revelación, interpretación y aplicación son prácticas muy útiles. Aun así, no llegan al corazón de la interpretación. Por ejemplo, en la historia al principio de este capítulo usted se habrá preguntado por qué no dijo Dios *presión baja* desde el principio. Si él pudo sugerir *presión sanguínea* a mi mente, ¿hubiera sido muy difícil añadirle la palabra *baja*? Incluso, si yo no le hubiera dado una interpretación errónea a la revelación, esa pregunta todavía necesitaría una respuesta. En esa respuesta recae la clave para interpretar toda revelación.

Creo que Dios omitió la palabra *baja* porque me estaba enseñando humildad. Primero, me estaba enseñando a pedir su interpretación con el fin de que aprendiera el hábito de la humilde dependencia de él para todo. Segundo, me permitió sufrir un poco de sana vergüenza. Déjeme explicar por qué la vergüenza es sana.

Cuando las palabras *presión sanguínea* vinieron a mi mente, experimenté una alza de mi gozo. En retrospectiva sé que parte de ese gozo era el deleite que siempre siento en la presencia de una expresión concreta de la omnisciencia de Dios. Pero otra parte del gozo provenía de anticipar cuán impresionada iba a quedar la audiencia con *mi* conocimiento profético. No sabía que había caído en una trampa común.

"El conocimiento envanece" (1 Co. 8:1). Nadie es inmune al envanecimiento del conocimiento, ni el profesor con su dominio de minucias académicas ni el profeta que puede ver los secretos de otros corazones. El conocimiento en cualquier forma nos dificulta el escaparnos de impresionarnos a nosotros mismos o escapar del gozo de impresionar a otros. Esto no le impresiona a Aquél que lo sabe todo. Más bien, él espera que usemos el conocimiento que nos da de una manera diferente, para impresionar a la gente con su Hijo. Así que, para ayudarnos a morir al placer de la autoexaltación él ocasionalmente reemplaza ese placer con vergüenza.

En mi caso, la vergüenza me hizo volverme al Señor para buscar una explicación a mi error. Al tiempo reconocí que lo único que había sido era un amable recordatorio de no impresionarme conmigo mismo cuando el Espíritu Santo me muestra los secretos de sus hijos. La vergüenza que el Señor produjo no fue una señal de su molestia, sino de su amor y su compromiso de infundir humildad en mí.

Más tarde, seguiremos con el aspecto refinador de la vergüenza, por ahora sólo permítame hacer notar que no va a encontrarla mencionada en la literatura que trata sobre la ciencia de la interpretación bíblica. Existe una razón reveladora para esta omisión.

La mayoría de los libros acerca de interpretar la Escritura que he leído, llevan a pensar que la clave para el entendimiento de la Biblia recae en la mente. Los mejores intérpretes conocen los idiomas originales y los trasfondos históricos de la Biblia. Entienden estructura literaria, teología sistemática y muchas otras cosas. En breve, son una elite intelectual. Por supuesto, ninguno acepta tener esta posición, pero lo demuestran con lo que *no* dicen; por su énfasis en la mente como la clave para entender la comunicación divina.

Por favor no me malentienda. No estoy denigrando la preparación académica. La preparación académica puede ser una gran bendición. Cada vez que uso una concordancia, un gran comentario bíblico o una monografía teológica cuidadosamente planeada, me estoy beneficiando de la preparación académica de alguien. Lo que objeto es el envanecimiento intelectual que se encuentra tan frecuentemente en la preparación académica bíblica, y en especial el envanecimiento que coloca a la mente como el elemento clave en nuestro esfuerzo de acercarnos a Dios. Demasiado seguido, todos los que hemos invertido tiempo considerable en los ámbitos académicos olvidamos el propósito de todo estudio teológico: ver a Dios en su gloria, para acercarnos más a él y disfrutarlo para siempre. Ciertamente, la mente tiene un papel que jugar en esta búsqueda, pero no es el papel principal.

De acuerdo con la Biblia, con respecto a la responsabilidad humana, la clave para interpretar todas las formas de revelación divina se encuentra en el corazón, no en la mente. Los líderes religiosos de los días de Jesús estudiaban la Biblia más que ningún otro, pero por la condición de su corazón nunca escucharon la voz de Dios en ningún momento (véase Jn. 5:37). Cuando Dios le habló a Jesús en voz audible, algunas de las personas que estaban junto a él sólo escucharon truenos, aun y cuando la voz había venido para su beneficio (véase Jn. 12:27-30). Si nuestros corazones no están bien, no seremos capaces de reconocer a Dios aun cuando nos hable en voz audible.

Puede ser que los fariseos hayan sido inteligentes, pero también eran arrogantes. Su orgullo les hacía imposible escuchar la voz de Dios en la Biblia, en los milagros de Jesús o en cualquier otra forma en las que Dios habló. Por otro lado, Jesús era humilde de corazón (véase Mt. 11:29) y nunca fracasó en escuchar la voz de Dios. La humildad, y no la inteligencia, ha sido siempre la característica del corazón que mueve a Dios a hablarnos y nos capacita para escucharle claramente. Es al humilde, no al listo, a quien Dios guía y enseña (véase Sal. 25:9).

Cuando se trata de entender la voz de Dios, sobresalen tres expresiones de humildad.

El humilde quiere: obedecer, ser amigo de Dios y orar.

Dispuestos a obedecer

Los líderes religiosos no creían que Jesús hablaba las palabras de Dios, así que él mismo les dio la clave para discernir el origen de su mensaje. Él les dijo: "El que quiera hacer la voluntad de Dios, conocerá si la doctrina es de Dios, o si yo hablo por mi propia cuenta" (Jn. 7:17).

La gente humilde quiere obedecer a Dios, aun cuando la obediencia es dolorosa. Nuestra disposición para hacer lo que sea que él nos diga lo anima a hablarnos para entender y reconocer su voz. ¿Para qué nos habla si sabe que no tenemos la intención de obedecerle?

Amistad con Dios

Los corazones humildes nunca están satisfechos con la sola obediencia. Ellos quieren una amistad íntima con Dios. Y ellos anhelan más esa amistad que lo que quieren un ministerio. El misterio más impenetrable es que esa amistad es lo que Dios también anhela.

El Señor anhela amigos con quienes poder compartir sus secretos. Abraham se acercó tanto a Dios que Dios no quería hacer nada sin revelárselo primero (véase Gn. 18:17). Este es el objetivo primario del ministerio profético, no el dar palabras proféticas poderosas. Las palabras proféticas poderosas son un subproducto de ser amigos de la Palabra más poderosa de todas.

¿Qué piensa que Jesús prefiere tener, amigos o siervos? ¿Usted que preferiría? ¿Quién le trae más gozo, la persona que lo atiende o la persona con la que comparte su corazón?

Jesús les dijo a sus discípulos: "Ya no os llamaré siervos, porque el siervo no sabe lo que hace su señor; pero os he llamado amigos, porque todas las cosas que oí de mi Padre, os las he dado a conocer" (Jn. 15:15). Dios quiere ser amigo de aquellos con los que puede tener intimidad. ¿Qué es lo que nosotros queremos?

Las buenas amistades no suceden por sí solas. Se cultivan durante un periodo de tiempo y a veces son dolorosas. Toman tiempo porque la confianza crece lentamente. Son dolorosas porque los amigos se tornan vulnerables el uno al otro, y nadie puede herirnos como un amigo cercano. El dolor de la intimidad nos asusta a algunos de nosotros y nos lleva a conformarnos con sólo ser siervos. Pero los humildes soportan el dolor y toman el tiempo que las grandes amistades requieren.

El ministerio me saca de la cancha todo el tiempo. Alguien dijo que el mayor obstáculo para amar a Dios es servir a Dios. Yo lo creo. Me tengo que preguntar a mí mismo repetidamente: ¿qué es lo que realmente quiero, un gran ministerio o una gran amistad? Cuando realmente me salgo de la cancha, se me olvida preguntarme a mí mismo esa pregunta. Pero entonces Dios me la pregunta. Parece que él está determinado en convertirme en su amigo a pesar de mi disposición de conformarme con menos. Y estoy seguro que siente lo mismo por usted.

Oración

Las personas humildes oran. La oración es la cosa más práctica que podemos hacer, tanto para recibir revelación como para entenderla. Dios le dijo a Jeremías: "Clama a mí, y yo te responderé, y te enseñaré cosas grandes y ocultas que tú no conoces" (Jer. 33:3). ¿Cuánta revelación se pierde simplemente porque no le pedimos a Dios que nos diga "cosas grandes y ocultas"? ¿Cuánta revelación se queda sin poder ser entendida porque no le pedimos a Dios que nos revele su significado?

Cuando Daniel estaba meditando en la profecía de

Jeremías de que el cautiverio de Israel duraría setenta años, él oró. Un ángel fue enviado a Daniel para
darle: "Sabiduría y entendimiento" (Dn. 9:22). La oración es el instrumento que nos permite sondear las
profundidades de la Escritura, así como el significado de sueños y visiones.

Los profetas tienen dones especiales para interpretar
la revelación que ocurre fuera de la Biblia. Algunos de
los profetas de hoy tienen dones similares a los de
José y Daniel, quienes eran extraordinariamente capaces para interpretar no sólo sus propios sueños sino
los sueños de otros. Algunos profetas tienen tal don de
interpretación que parece que se puede hacer sin
esfuerzo. Pero si examinamos las vidas de aquellos en
la Biblia que eran hábiles intérpretes de la revelación,
encontramos que siempre eran devotos a la oración.
Consideremos a Daniel de nuevo.

En el tercer año del rey Ciro, Daniel tuvo una
visión tan horrible y confusa que lloró, ayunó y oró
sobre la visión durante tres semanas. Al final de las
tres semanas el ángel vino a Daniel y le dijo:

"Daniel, no temas; porque desde el primer día que
dispusiste tu corazón a entender y a humillarte en
presencia de tu Dios, fueron oídas tus palabras; y a
causa de tus palabras yo he venido (...) He venido
para hacerte saber lo que ha de venir a tu pueblo en
los postreros días; porque la visión es para esos días"
(Dn. 10:12-14).

Ésta experiencia hace de Daniel un modelo para
todos aquellos que deseamos entender el idioma del
Espíritu Santo.

Todos los elementos que liberan el significado de
la revelación—humildad expresada en oración,
amistad con Dios y disposición para obedecer a

Dios—pueden ser encontradas en este capítulo de
Daniel. El profeta había recibido una visión que no
podía entender. En lugar de rendirse, "[dispuso] su
corazón para entender" y entonces oró y ayunó
hasta que vino la revelación. Cuando oramos y ayu-
namos, estamos confesando nuestra debilidad y
expresando nuestra dependencia de Dios. Ésta es la
razón por la que el ángel dice que Daniel se había
humillado en la presencia de su Dios. Él era amigo
de Dios, porque él era "muy amado" por Dios (10:9).
Y estaba dispuesto a hacer lo que fuera necesario
para obedecer a Dios y entender la visión.

Seguir el ejemplo de Daniel es la mejor manera
que conozco para entender los misterios divinos. Sin
embargo, no nos garantiza que el Señor automáticamente nos va a mostrar el significado en la Escritura
o por otras formas de revelación; la amistad con Dios
no está restringida a reglas mecánicas. Conocemos
tan poco de Dios y sus caminos. Algunas cosas las
deja enredadas en el misterio sin importar cuánto
esfuerzo hagamos para entenderlas. No se desanime
por esto. Una vida sin misterio es una vida monóto-
na. Y aunque los misterios nos ponen ansiosos a
veces, Dios nos promete calmar nuestras ansias con
su paz (véase Fil. 4:6-7). Recuerde esto la próxima
vez que Dios le hable con un símbolo inquietante.

EL PROPÓSITO DEL LENGUAJE SIMBÓLICO

"Si no coméis la carne del Hijo del hombre, y
bebéis su sangre, no tenéis vida en vosotros", dijo
Jesús (Jn. 6:53).

¿Por qué usa un símbolo tan atroz? A la multitud
de discípulos que lo seguían no les gustó. Y provocó

que murmuraran: "Dura es esta palabra; ¿quién la puede oír?" (Jn. 6:60). Y eso causó que muchos lo abandonaran.

Pero ¿por qué lo estaban siguiendo en primer lugar? Jesús dijo que lo estaban siguiendo por la comida (véase Jn. 6:26). Y esa es la gran tentación de la gente religiosa, usar a Dios en lugar de amarlo, seguirlo más por lo que puede hacer por nosotros que por quien es él. Los paganos seguían a los ídolos por las mismas razones. Jesús estaba feliz de proveer comida a sus seguidores, pero quería hacerles saber que él era más que un proveedor de alimentos.

Jesús transformó su deseo por comida física en una de sus metáforas más impactantes. Le estaba diciendo a la multitud que lo estaban buscando por muy poco. Él no sólo era el sustento de la vida física, sino la fuente de vida eterna. La metáfora tenía el propósito de escandalizarlos mirando debajo de la superficie del milagro de los panes y los peces.

Jesús les advirtió que sus palabras no eran literales (véase Jn. 6:33). Si hubieran permanecido cerca de él lo suficiente hubieran entendido que Jesús utilizaba palabras duras para frustrar los motivos impuros de todos los que trataran de estar cerca de él. Pero ellos no pudieron soportar la frustración. Dejaron al Pan del Cielo para buscar comida algo más terrenal.

Cuando trató de decirles a sus seguidores que él era verdadera comida, "el pan que descendió del cielo", los líderes judíos a la orilla de la multitud que escucharon eso se ofendieron. Los líderes judíos habían caído en la otra gran tentación de la gente religiosa, servir a Dios a través del puro intelecto, disciplina y tradiciones. Esto ofendió tanto al Señor que *él* ofendió su entendimiento. Usó una palabra dura para ocultar de los líderes judíos la clave a la vida.

El Señor oculta su sabiduría en el Espíritu Santo para que aquellos que estén envanecidos intelectualmente o religiosamente no la puedan encontrar con sus talentos naturales. Los que están comprometidos a vivir por el poder su propio intelecto no pueden vivir con una ofensa tal a sus mentes.

Los doce discípulos se quedaron también en blanco, pero no se ofendieron. Ellos creían que Jesús tenía un propósito al usar un lenguaje escandalizante. Y se quedaron para saber lo que él realmente quería decir.

Para resumir esta sección, el lenguaje simbólico esconde la verdad del presuntuoso, revela la verdad más profunda al humilde y nos despierta de un sólo golpe cuando estamos siendo tentados a usar a Dios en lugar de amarlo. Y hace algo más.

Impacta nuestras emociones. Esto es especialmente verdadero en sueños y visiones, las cuales son a menudo simbólicas en lugar de literales. Las advertencias verbales pueden ser ignoradas, pero los símbolos de los sueños y las visiones nos pueden asustar y sacarnos del letargo (véase Job 33:15-18). Sé que los predicadores continuamente le estamos diciendo a la gente que no vivan por sus sentimientos, pero nuestras exhortaciones nunca van a cambiar el hecho de que nuestros sentimientos nos influencian mucho. Y como esto es así, Dios usa ilustraciones y símbolos para intensificar nuestros sentimientos.

No todas las advertencias de Dios nos aterrorizan. Algunas veces nos muestran el futuro, un futuro brillante que estamos a punto de perder. Tal fue el caso de un joven en nuestra iglesia.

Él estaba coqueteando con la inmoralidad sexual. De hecho, estaba coqueteando con él en la forma de varias señoritas alocadas que lo estaban persiguiendo. No fui el único líder que se lo advirtió. Sin embargo, las advertencias no encontraron acogida en su corazón. Ahora era el turno de Dios para mostrarle un acercamiento más directo. Un sueño.

Los sueños mostraban al joven casado y en la sala de partos con su bellísima esposa. Un hermoso niño nacía y era colocado en sus brazos. Su familia se reunía a su alrededor. Él estaba abrumado con amor y explotando de gozo. Cuando se despertó, la escena permanecía en su mente, así como el gozo, y entonces entendió.

Dios le había mostrado el futuro, su futuro. Un matrimonio hecho en el cielo lo estaba esperando. Entonces la importancia de sus acciones presentes pesaba insoportablemente sobre él. Entendió que las mujeres que lo perseguían podían robar lo que acababa de ver, y les dijo adiós.

Este sueño, aunque profético, no era realmente simbólico, así que fue fácil de interpretar. Pero, ¿qué acerca de los símbolos difíciles en sueños y visiones? ¿Cómo los interpretamos?

INTERPRETANDO SÍMBOLOS

Cuando Jesús confundió a todos con su invitación a beber de su sangre y comer su carne, los doce discípulos reaccionaron diferente a la multitud. En lugar de abandonar al Señor, permanecieron cerca de él, hablando con él y esperaron que les revelara el significado. Hoy, hacemos las mismas cosas a través de la oración. Porque en la oración nos acercamos más a Jesús, hablamos con él y esperamos en él.

Voy a ofrecer algunas sugerencias prácticas para interpretar símbolos, pero ninguna de ellas se acerca siquiera a la importancia de la oración. Conversar con el que dio los símbolos es la mejor manera para descubrir su significado.

Aunque es posible discernir algunos significados bastante consistentes en las Escrituras así como en la experiencia actual, no hay un manual de símbolos que nos pueda dar interpretaciones *automáticas* de los elementos no literales de nuestros sueños y visiones. Esto es porque los símbolos pueden tener diferentes significados en diferentes contextos. En un marco un bebé puede representar un nuevo ministerio lleno de potencial. En otro, el bebé puede representar inmadurez o debilidad. Así que, ponga mucha atención al contexto.

Aunque no tenemos un manual que nos dé entendimiento automático, es muy valioso escudriñar la Escritura y la experiencia actual, ambas de las cuales pueden sugerir significados posibles para el uso simbólico de personas, lugares, cosas o eventos.

Muchas cosas tienen significados tanto literales como simbólicos en la Biblia. Por ejemplo, el color púrpura a menudo significa realeza, el azul quiere decir: cielo o revelación. Muchas plantas y animales tienen funciones simbólicas. Las zorras pueden simbolizar astucia o pueden simbolizar pequeñas influencias destructivas, como pequeños problemas que pueden destruir los matrimonios (Cnt. 2:14). Las víboras pueden representar tanto veneno religioso como chisme. Los miembros del cuerpo tienen funciones simbólicas. La mano derecha significa poder. Casi cualquier cosa puede tener un significado no literal. Para citar algunos ejemplos, el vino puede significar gozo. El viento puede representar al Espíritu Santo (véase Jn. 3:8)—o puede representar juicio (véase 1 R. 19:11). Oro, plata o piedras preciosas pueden significar algo valioso y escaso.

¿Cómo descubrimos estas posibilidades? Utilizando una concordancia, de preferencia una electrónica. El software de computadora es mucho más rápido que usar un libro. Puedo escribir la palabra que estoy buscando e inmediatamente todas las veces que aparece en la Biblia se muestran en la pantalla. Puedo navegar para arriba y para abajo, leyendo el contexto en el que cualquiera de esas palabras está. La concordancia usualmente revelará varios significados simbólicos posibles, pero frecuentemente mientras estoy buscando, un significado parece saltar de la página y ajustarse perfectamente al contexto de mi visión o sueño.

Algunas veces, los símbolos son tomados de nuestra experiencia actual, más que de la Biblia. Cuando esto suceda, busque las *asociaciones comunes* del símbolo, esto es, la cosa o las cosas en las que usualmente piensa en conexión con el símbolo. Por ejemplo, en su sueño va en un avión que se estrella a causa de un error del piloto. No necesita una sabiduría científica para entender este sueño. ¿Con qué asocia comúnmente los aviones? Transporte, velocidad y gran altitud son las primeras cosas que me vienen a la mente. El avión puede representar un ministerio que lo está llevando a alturas espirituales muy deprisa, pero por la inexperiencia del líder el ministerio se dirige a un gran desastre. Así que, el sueño puede ser una advertencia para orar por los líderes del ministerio.

Nuestros pensamientos y sentimientos acerca de ese símbolo también son importantes, porque Dios escoge ciertos símbolos por su potencial para comunicarse con nosotros. Si vivimos en un lugar remoto donde nadie conoce los aviones, no es muy probable que él use los aviones para transmitir su verdad.

Otra sugerencia práctica para entender los sueños y visiones es poner atención a los detalles sobresalientes. Usualmente serán una pista muy importante en el significado de la revelación. Pero no trate de obtener un significado de cada detalle de un símbolo. El contexto de un sueño o visión determinará que detalles son relevantes.

A través de los años, mientras atesora los sueños y las visiones que le ha dado Dios, podrá darse cuenta de que ha adquirido su propio vocabulario simbólico para sueños.

Ninguna de las ayudas anteriores para interpretar símbolos se debe considerar como algo que minimiza o contradice la necesidad de orar. Cuando necesitamos entender un comunicado divino, sea un texto de la Escritura o un sueño, debemos orar, consultar a otros que tengan sabiduría en esta área y hacernos de cualquier recurso académico a nuestra disposición. Sólo queremos asegurarnos que nuestra confianza esté puesta más en la bondad de Dios para hacer claras sus revelaciones, que en nuestra capacidad intelectual para descifrarlas.

Le he dedicado una buena parte de este libro a los significados de los símbolos porque el error más común al interpretar sueños y visiones es tomar literalmente algo que se debía tomar simbólicamente. Las sillas de ruedas frecuentemente denotan parálisis espiritual. Un líder que usted conoce aparece en su sueño en un programa famoso de televisión. Esto puede significar que el ministerio que él o ella representan va a recibir atención nacional, no que el líder va a aparecer en la televisión. No hay reglas rígidas para distinguir lo literal de lo simbólico, o para descifrar símbolos automáticamente. El discernimiento se adquiere en oración a través del tiempo con práctica.

Otro consejo. La mayoría del tiempo, los eventos negativos en los sueños y visiones son advertencias, no hechos decretados (véase Job 33:13-18). El sueño puede advertirnos lo que sucedería si no nos arrepentimos de cierta actitud o conducta. O si no estamos haciendo nada mal, pudiera ser que el diablo ha planeado un ataque especial contra nosotros, y el sueño negativo es para que nos animemos a orar para que la calamidad no suceda. Esta es la manera en la que trato los sueños negativos, a menos que el Señor me muestre otra cosa. Una última cosa acerca de la interpretación de sueños.

SUEÑOS QUE ATORMENTAN

La estaban hiriendo repetidamente con una ametralladora. Sintió cada bala desgarrar su carne, pero no podía caer. La fuerza de los tiros mantenía su cuerpo erecto. Y no podía morir. Así que las balas seguían destrozándola. Éste fue uno de los sueños de los que Leesa se despertó poco después de que ella comenzó a tener sueños proféticos.

Toda la gente profética que conozco es objeto de sueños atormentadores. Los sueños parecen ser reveladores. Cuentan una historia real y coherente, pero es una historia mala, usualmente terminan en la cosa que el profeta más teme. Si una profetisa siente que está perdiendo su belleza, podría tener un sueño acerca de que su marido está siendo atraído por otra mujer. El sueño será tan real que incluso experimentará la desesperación del abandono. Incluso puede despertarse enojada con su marido. Algunas veces el diablo es la fuente de esos sueños. Es un maestro engañador e imitará las maneras en las que Dios habla (véase capítulo 8, "Engaño, demonios y falsos profetas").

Por otro lado, nosotros mismos somos la fuente del sueño atormentador. Lo que hagamos antes de irnos a la cama puede influenciar nuestros sueños. Si nos dormimos preocupados, existe la posibilidad de que tengamos un sueño negativo acerca de nuestras preocupaciones. Las películas que vemos antes de dormir, especialmente las películas de terror, pueden tener un efecto negativo en nuestros sueños. Cantidades excesivas de alcohol o ciertos tipos de comidas también pueden interferir con nuestros sueños. Además, algunos tipos de sustancias, tanto las legales como las ilegales, atribulan nuestros sueños.

¿Cómo podemos diferenciar entre una advertencia verdadera y un sueño atormentador? Primero, vea si existe una conexión entre el sueño y lo que estaba haciendo antes de irse a dormir. Segundo, ¿el sueño refleja algo que habitualmente tememos o nos preocupamos? El temor y la preocupación son puntos de entrada para engaño demoníaco. Tercero, ¿el sueño nos quita la esperanza, nos hace sentir que ni la oración ni el arrepentimiento nos pueden ayudar? La desesperanza y la condenación son signos de la revelación del acusador. Si consistentemente le pedimos al Señor que nos muestre la diferencia entre sus sueños y los que producen nuestra carne o el enemigo, aprenderemos a discernir la fuente.

Cuando Leesa comenzó a tener sueños proféticos, casi cada otra noche tenía un sueño atormentador. Lo soportamos durante seis semanas antes de reaccionar. Oramos cada noche, antes de irnos a dormir, pidiéndole a Dios que no permitiera que el enemigo invadiera sus sueños. La invasión se detuvo. Ocasionalmente llega un sueño atormentador, pero esto es parte del precio de moverse en lo profético.

Los profetas no viven en un mundo ordenado. Se mueven en planos en los que los ángeles y los demonios cruzan sus caminos, donde lo real y lo falso conviven. La confusión y la ambigüedad son frecuentemente sus compañeros. Una visión huidiza o un sueño que apenas se recuerda puede tener la clave para el rescate de una persona. De todos los dones, ninguno parece descansar en experiencias tan endebles como la profecía. Ningún ministerio es tan difícil de aprender. Es mucho más arte que ciencia. También podría ser el más valioso de todos los dones. Es el único don espiritual que Pablo resaltó y que instó a toda la iglesia a que buscara (véase 1 Co. 14:1, 39).

Tenga paciencia consigo mismo mientras aprende a entender el lenguaje profético del Espíritu Santo. La persistencia humilde es más importante que la inteligencia en tratar de descubrir lo que sólo Dios puede revelar. El entendimiento es la recompensa de aquellos que: "Por el uso tienen los sentidos ejercitados en el discernimiento del bien y del mal" (He. 5:14).

Seis

EVITE LAS LOCURAS PROFÉTICAS

No toda la gente loca está en los asilos. Algunos andan sueltos por ahí, imitando a los profetas. Algunas veces se salen con la suya porque algunos de los profetas verdaderos caminan en la raya de la cordura.

No sólo estoy hablando de los profetas genuinos actuales. También me refiero a los profetas de la Biblia. Si Jeremías estuviera ministrando hoy en día, muchos creyentes le recomendarían Prozac o una terapia de largo plazo. Los profetas bíblicos a menudo no sólo parecen enojados y tristes, sino que además hacen cosas extrañas. Jeremías compró un cinto de lino muy caro, lo enterró, después lo desenterró diciendo que el cinto arruinado era un mensaje para la nación. Oseas se casó con una ramera—no con una de esas rameras sentimentales de las películas que tienen un corazón de oro, sino con una ramera ordinaria quien había tenido hijos de otros hombres. El profeta más preparado de la Biblia, Isaías, anduvo desnudo por tres años. ¿Qué tipo de terapia le recomendaríamos tomar si estuviera en nuestra congregación?

El comportamiento grotesco de los profetas bíblicos no nos molesta hoy en día porque no están en nuestras congregaciones. Están a salvo envueltos en las páginas de la Biblia. También ayuda el hecho de que la Biblia es el libro menos leído en nuestras congregaciones. Esto quiere decir que muchos de nosotros no estamos conscientes de las cosas raras de la Biblia.

Pero no es sólo nuestra ignorancia bíblica y su ausencia actual lo que nos mantiene cómodos con los actos excéntricos de los profetas. También hay una razón teológica de porque no nos causa problemas su conducta incoherente. Lo que finalmente legitima a los profetas de la Biblia es que Dios está detrás de sus caminos.

Dios es el que le dijo a Jeremías, Oseas, Isaías y a los demás que hicieran esas cosas tan singulares. El hecho de que Dios le dijo a Isaías que anduviera desnudo o que le dijera a Abraham que matara a su hijo nos hacen ver bien a Isaías y a Abraham. Sin embargo, no debería hacernos ver bien a Dios. La única forma de encontrar consuelo aquí es asumir que Dios ya no habla sino sólo a través de las páginas de la Biblia, o que ya ha dejado sus ideas extrañas a un lado. Pero probablemente usted no estaría leyendo este libro si creyera eso. Es mucho más probable que usted crea que Dios todavía está hablando hoy y que incluso podría pedirle que haga algo extraño. Si no es humilde, sabio y cuidadoso, eso que cree, seguramente lo meterá en algunos problemas que Dios no preparó para usted.

MEGALOMANÍA PROFÉTICA

Cuando comencé a buscar el ministerio profético, conocí a un joven quien pensaba ser un profeta. Lo llamaré Roberto. Él iba caminando por la acera después de la lluvia y notó un gusano muerto en su camino. Pensó que Dios le estaba hablando acerca de la lombriz. Así que la levantó, pensando que si oraba por ella Dios la reviviría. El gusano no respondió. Impávido por su fracaso para revivir a la lombriz, tuvo una nueva idea. Dios lo estaba guiando a poner el gusano en un sobre y enviárselo a uno de los líderes de un movimiento cristiano prominente.

Roberto no tenía idea de por qué Dios quería que hiciera eso. Tampoco tenía autoridad en, ni pertenecía a, este movimiento, pero él se sintió como un hombre con una misión de parte de Dios. Cuando entró a las oficinas de esta organización no recibió la más cálida de las recepciones. Él interpretó esto como que los subordinados del líder le tenían envidia y tenían temor de que él se pudiera acercar más que ellos al líder. Si los subordinados tenían miedo, su temor fue probado sin fundamento cuando el líder abrió el sobre. El líder hizo lo apropiado por el fallecido pequeño anélido y por el "profeta". Al gusano le dio inmediata sepultura en el cesto de basura. Le dio gracias a Roberto y lo despidió.

Roberto estaba seguro de que su fracaso con el gusano se debió a los corazones corruptos de los subordinados quienes habían permitido el acceso a un espíritu maligno a las oficinas de ese ministerio. No podía ver que su acto extraño no tenía nada que ver con que lo hubieran rechazado. Después de todo, la donación no solicitada de una lombriz expirada ni siquiera se acerca al exhibicionismo de un profeta desnudo.

Seguí la carrera de este joven un tiempo más, y se seguían repitiendo los mismos patrones. En lugar de aprender de los fracasos de su extraño comportamiento, desarrolló una teología para justificarlos. Dios le "dijo" en algún punto de su vida que su ministerio sería rechazado. Armado con los incidentes raros de la Biblia y una promesa divina de rechazo, siempre podría justificar sus maneras antisociales y culpar a alguien más por sus fracasos en el ministerio. Sé de al menos una ocasión en la que provocó que toda una congregación abandonara el mover del Espíritu, ayudándoles a menospreciar el don de profecía en particular.

Esto es triste, porque Roberto no es un profeta. Es una piedra de tropiezo disfrazada de profeta. Varios líderes intentaron hacerle ver esto, pero no pudieron hacer que los escuchara.

En el libro de Proverbios el necio es descrito como un megalomaniaco que no acepta corrección (véase Pr. 27:22). Si somos lo suficientemente necios, siempre vamos a encontrar en la Biblia algo para justificar un comportamiento sin sentido o incorrecto, así como corrupción en nuestro corazón.

Afortunadamente sólo he conocido a una o dos personas en el ministerio profético tan insulares como Roberto. Sin embargo, su ejemplo es siempre una advertencia: antes de que usemos a los profetas bíblicos para justificar alguna acción no ortodoxa de nuestra parte, debemos recordar que ellos tuvieron los más altos niveles de discernimiento y carácter. Cuando Dios le ordenó a Abraham que sacrificara a Isaac o a Oseas que se casara con Gomer, el punto no era si estaban discerniendo o no de manera precisa la voz de Dios. Escuchaban claramente su voz. El punto era la obediencia a Dios. Debemos esperar primero a que la voz de Dios sea tan clara en nuestras vidas antes de hacer alguna cosa extraña, especialmente cuando al hacerla pudiéramos herir a alguien.

Aun así, Dios a veces hace cosas que parecen extrañas o no ortodoxas. Pero hay una manera correcta y una manera incorrecta para responder a estos actos.

GLORIFICANDO LO EXTRAÑO

El Señor transportó a los profetas en el Espíritu a otros lugares para mostrarles cosas. Y algunas veces el Señor levantó físicamente a personas para depositarlas en otros lugares (véase 1 R. 18:12; Hch. 8:39). Hoy todo eso suena como un viaje astral de la Nueva Era. Pero las Escrituras nos enseñan que el Señor sí hace cosas raras. Por ejemplo, hizo que una burra hablara (véase Nm. 22:21-30). Y seguramente hizo algo extraño a los pañuelos del apóstol Pablo porque cuando la gente se los mostraba a los endemoniados, los demonios eran echados fuera y las enfermedades sanadas (véase Hch. 19:11-12). Estas cosas en verdad sucedieron, y Dios las hizo todas.

¿Por qué? Algunas veces para ofender la mente de los sabihondos religiosos, algunas veces para frustrar la carne de los envanecidos y a lo mejor por otros cientos de razones que a Dios nunca le ha importado compartirnos. El punto es que desde el principio hasta el final de la Biblia, Dios hizo cosas raras. Sería necio imaginar que desde que la Biblia fue completada, Dios cambió sus maneras para acomodarse a nuestro buen gusto. Él sigue haciendo cosas raras. Lo cuál provoca una pregunta.

¿Cómo debemos responder cuando nos encontremos hoy en día con alguna de las obras extrañas de Dios? Debemos glorificarlo a él por la experiencia. Desafortunadamente muchos en la iglesia glorifican a la experiencia. Recientemente estuve en una reunión en la que Dios había estado revelando su presencia a través de algunas manifestaciones físicas nada comunes. Cinco personas estuvieron dando testimonio al principio de la reunión. Los primero cuatro hablaron de encuentros con Dios que cambiaron su vida en esas reuniones e incluyeron detalles cómicos de los fenómenos físicos que experimentaron. La quinta, una señorita, contó como su vida había sido cambiada, pero añadió que ella no había experimentado manifestaciones físicas.

El conductor le dijo a la multitud formada por algunos miles: "Ven, eso muestra que no necesitas sacudirte o caer para experimentar el poder de Dios". Entonces mientras un grupo en la plataforma oraba por la jovencita, añadió: "Pero Dios todavía te va a tocar". La multitud rugió con risas y aplausos, esperando que ella podría caer o sacudirse. Pero no sucedió.

El conductor no pretendía hacerlo, pero su última declaración le dijo a la multitud que si uno no se ha sacudido, no ha tenido un encuentro todavía con el poder de Dios. Él estaba glorificando las manifestaciones de la presencia de Dios en lugar de glorificar a Dios. Cuando hacemos esto, somos como niños en la mañana de Navidad que desenvolvemos nuestros regalos envueltos con papel reflejante y en lugar de jugar con los regalos, jugamos con el papel brillante. Cuando Dios da manifestaciones físicas, son sólo la envoltura alrededor de su presencia. Ese es el regalo verdadero. Su presencia; eso es lo que es crucial, no cómo se manifieste Su presencia.

El conductor no sabía que estaba glorificando la experiencia en lugar de a Dios. Tampoco nosotros. Poner nuestra atención en las manifestaciones y en los métodos siempre nos lleva al engaño porque nuestros ojos han dejado de ver a Aquel que es la verdad. Ésta es la razón por la que la humildad es tan importante. Los humildes no son engañados tan fácilmente, y cuando son engañados, son corregidos todavía más rápidamente de lo que son engañados.

REPRODUCIENDO LO EXTRAÑO

Tratar de reproducir lo extraño pude causar tanto daño como glorificar lo extraño. A menudo la experiencia es un evento soberano sin repetición. Consideremos los pañuelos del cuerpo de Pablo. La Biblia sólo nos cuenta de una ocasión en la que el fenómeno sucedió. Sucedió en la ciudad de la magia, Éfeso, donde la gente a menudo usaba todo tipo de encantamientos para intentar manipular los espíritus y las fuerzas de la naturaleza. Los cristianos, algunos bien intencionados, otros no, tratan de reproducir esto hoy en día al bendecir pañuelos de oración y dárselos (o vendérselos) a los enfermos.

No estoy diciendo que Dios no haya sanado enfermos hoy en día utilizando este método—o usando otros más raros. Pero aquellos que están usando los pañuelos de oración no están obteniendo los mismos resultados que obtuvo Pablo. Están copiando lo que no deben copiar. Deberían poner en su corazón copiar el carácter del apóstol Pablo, no sus pañuelos. Cuando lleguemos al punto de hacer todo por la causa del Evangelio (véase 1 Co. 9:23) y sufrir por Cristo como Pablo (véase 2 Co. 11:16-32), entonces, quién sabe, a lo mejor el Señor deposite algo de poder en nuestra ropa. Es mucho más fácil estar repartiendo pañuelos que obtener el carácter de Pablo.

Una pista más del apóstol: hablaba mucho más del Señor que de sus experiencias extrañas con el Señor. Pablo ni siquiera mencionó el episodio de los pañuelos. Su amigo Lucas fue el que contó esa historia. Y el propósito de Lucas al contarla no era introducir un nuevo método de sanidad, sino demostrar el poder superior del Señor Jesucristo sobre todos los espíritus malignos de Éfeso y su magia.

A pesar de las advertencias anteriores, en ocasiones Dios todavía hace cosas raras. Lo peor es que él podría hacer algo extraño y *nuevo*. Todavía peor sería que él *nos* pidiera hacer algo que fuera nuevo y extraño. ¿En ese momento qué hacemos?

Culpa falsa

Durante un tiempo de preguntas y respuestas en un seminario reciente, una mujer me presentó el siguiente problema. Ella había estado orando para que una mujer ciega recibiera la vista. Nada sucedió. Entonces ella recordó el momento en el que Jesús escupió en tierra e hizo lodo para ponerlo sobre los ojos del ciego. Ella sintió que si ella hacía lo mismo, esa mujer sería sanada de su ceguera. Sin embargo, estaban en un piso alfombrado y no había tierra. Pero el obstáculo más grande era su temor de hacer algo inapropiado—¡poner su saliva y tierra en los ojos de alguien! No obstante, Jesús lo hizo. Ella se sentía culpable por haber tenido temor. Y entre más culpable se sentía, más sentía que Dios la estaba guiando a hacerlo. Pero, ¿era Dios? ¿Su titubeo se debía al temor de hacer algo ridículo o a su falta de certeza de si Dios la estaba guiando? Al final, ella no escupió y la mujer no pudo recuperar la vista. Ahora ella estaba siendo atormentada por no haber aplicado el lodo. Esto sucedió durante un congreso en otro país, por lo que era completamente impráctico regresar, orar por la mujer ciega y utilizar el método del lodo.

Ella me preguntó:

—¿Qué es lo que debería haber hecho? ¿Fue el impulso para hacer lodo con mi saliva de Dios o de mi misma?

Le respondí que yo no pensaba que hubiera sido del Señor. *Primero que nada* es natural que nosotros pensemos en pasajes bíblicos que correspondan con nuestras oraciones por la gente. Cuando oro por los ciegos, la terapia del lodo y la saliva de Juan 9:6 viene a mi mente en casi cada ocasión. Cuando oro por algún sordo, frecuentemente me pregunto si debo poner mis dedos dentro de sus orejas (véase Mr. 7:32). Esos pensamientos probablemente provengan de nuestra familiaridad con las Escrituras, no de una dirección divina específica. *Segundo,* cuando oramos sin resultados por un milagro, es natural que busquemos una razón para nuestro fracaso. Podemos pensar que no estamos siguiendo literalmente la Biblia lo suficiente, o que no tenemos suficiente fe o que hay pecado en nuestra vida. *Tercero,* la mujer no tenía paz ni la certeza de hacer algo de tan mal gusto. Ella estaba más preocupada

de no perder la dirección de Dios que en obedecer a
Dios. Ella hubiera estado feliz de obedecer si hubiera estado segura de que Dios la estaba dirigiendo.
Recuerda, cuando Dios les ordenaba a sus profetas
que hicieran algo raro en la Biblia, lo hacía con tal
claridad que no dudaban si la dirección había venido de Dios o de sus emociones. *Cuarto,* esta mujer
era relativamente nueva en oír la voz de Dios y lo
que había pensado hacer iba más allá de su nivel de
fe (véase Ro. 12:6). Estos fueron los factores que me
persuadieron que sus emociones la habían guiado a
aplicar el lodo, no Dios. Y como no había desobede-
cido a Dios, no tenía por qué sentirse culpable.

¿Qué podría haber hecho ella en ese momento?
Podría haberle pedido a Dios que le diera una señal
de que la dirección provenía de él y no de sus emociones. O podría haber incluido a la mujer en la
decisión diciéndole: "Probablemente usted piense
que esto es una locura, y no la culpo, pero me siento
guiada a hacer lo que Jesús hizo—hacer lodo con mi
saliva y untárselo en los ojos. ¿Usted qué piensa?". La
mujer podría haber dicho: "¡De ninguna manera!". O
podría haber dicho: "Bueno, ¿qué tengo que perder?
Mis ojos no me sirven de todos modos. Inténtelo". De
esta forma ella hubiera tratado a la mujer como una
persona en lugar de un experimento.

DIEZ REGLAS PARA EL ÉXITO PROFÉTICO

Si seguimos las siguientes diez reglas evitaremos
algunos problemas innecesarios. *Regla uno:* enfatice
lo natural y lo principal, no lo extraño y lo grotesco.
Regla dos: no haga nada raro sin una *clara* dirección
de parte de Dios. *Regla tres:* no haga nada profética-

mente que sea potencialmente vergonzoso o dañino para otra persona sin su permiso. Si usted piensa que: "Elías y Eliseo no necesitaron permiso para hacer cosas dañinas", recuerde que estaban profetizando contra los enemigos de Dios. Usted está ministrando a sus hijos. Esa es una gran diferencia. También recuerde que usted no es Elías o Eliseo. Cuando llegue a su nivel de entrega y habilidad, entonces puede ser un poco laxo con la regla tres. *Regla cuatro:* repita después de mí, "No soy una excepción a las reglas. Soy un principiante en la escuela de los profetas". *Reglas de la cinco a la diez:* lo mismo que la regla cuatro.

Luche por ser tan normal y no religioso como sea posible si quiere que su mensaje sea recibido. Ese era el consejo del apóstol Pablo (véase 1 Co. 14:23-25). Haga las cosas decentemente y en orden, porque Dios es un Dios de paz (véase 1 Co. 14:33, 40). Si él quiere violar esa paz, está bien. Pero debemos trabajar para mantenerla.

El siguiente capítulo ofrece algunos principios no sólo para mantener la paz sino para obtener el máximo beneficio de nuestras palabras proféticas.

Siete

DÉ MENSAJES PROFÉTICOS

Durante veinte minutos llovieron insultos sin ningún tacto o misericordia. Sin embargo, la expresión de Paul Cain permaneció imperturbable, la misma callada confianza que yo había visto tantas veces antes, irradiaba de sus ojos mientras estaba sentado absorbiendo la amarga reprimenda. Yo no podía creer que este líder cristiano tuviera tan poco discernimiento y tanta crueldad. Quería interrumpirlo y defender a Paul. De hecho, quería lastimar a este hombre por lo que le estaba haciendo a mi amigo. Pero algo en los ojos de mi amigo me dijo que me calmara. La vida de un hombre estaba en la balanza. Yo permanecí callado, esperando el resultado, y me avergüenza decir, esperando juicio.

Esto comenzó cuando un grupo grande de ministros invitó a John Wimber a organizar un congreso en su país. John nos llevó a Paul y a mí con él. En su primera noche, Paul no predicó bien, pero dio algunas palabras proféticas sorprendentes. Esto, sin embargo, no era suficiente para satisfacer a uno de los principales organizadores del congreso. Inició una campaña para remover a Paul como orador mientras el congreso todavía estaba celebrándose. El líder me dijo:

—No podemos entender como John Wimber le permite predicar a este viejo pentecostal retirado.

—Yo sentí que sus palabras proféticas fueron increíbles. Lo mismo que muchos de la audiencia— contesté.

—Bueno, pues no fueron lo suficientemente buenas para redimir ese mensaje divagante—dijo mientras salía furioso de la habitación.

Paul escuchó las quejas de este hombre sin que ninguno de nosotros se las reportáramos. (Los profetas verdaderos no son omniscientes, pero a menudo saben más de lo que la gente quiere que sepan.)

John arregló una reunión entre Paul y el líder. Aparte de ellos dos, sólo John y yo estábamos presentes. Fue allí cuando el líder comenzó su diatriba de veinte minutos insultando las habilidades ministeriales de Paul. Cuando terminó, le dijo a Paul:

—¿No tienes nada que decirme?

—Sí pero, si estás de acuerdo, prefiero decírtelo en privado.

—Estoy de acuerdo.

Ambos entraron en otra habitación. John me sonrió. Él sabía lo que estaba a punto de suceder. El líder estaba a punto de aprender que los profetas verdaderos son temibles.

Cuando salieron, treinta minutos después, el semblante del hombre había cambiado. Ya no estaba enojado. Se veía aliviado y agradecido. Dijo que todo el asunto posiblemente se había hecho más grande de lo que era. No había nada que no se pudiera resolver. Todo estaría bien. Entonces abrazó a Paul y no lo soltó por un buen rato. ¿Qué provocó una transformación así?

Paul había visto un pecado aprisionando al líder. También había visto que se le estaba acabando el tiempo para arrepentirse. Estaba a un paso de ser expuesto y removido de su ministerio, un ministerio que él había construido fielmente durante años, un ministerio que había traído la bendición de Dios a muchos. Paul podría haberlo expuesto y pronunciar el juicio de Dios sobre él. En lugar de eso se lo llevó a la otra habitación y lo guió al arrepentimiento.

PONGA EN PRÁCTICA LA REGLA DE ORO

El profeta más grande dijo una vez: "Bendecid a los que os maldicen, y orad por los que os calumnian" (Lc. 6:28). A los pocos que realmente hacen eso se les confían los secretos más grandes de Dios. Porque Dios sabe que no van a usar esos secretos para venganza, sino como herramientas de misericordia y amor para restaurar las vidas dañadas.

Paul no nos dijo el pecado que vio. Nunca lo hace. Ni tampoco nos hubiera dicho cual era el juicio que venía sobre este hombre, si este hombre no se hubiese arrepentido.

Yo estaba asombrado por el dominio propio de Paul. Él escuchó pacientemente mientras el líder lo llamó incompetente, incoherente y fracasado, mientras él tenía los medios para aplastarlo, y cuando, en mi opinión, tenía el derecho de hacerlo. Cuando le pregunté a Paul por qué no había expuesto al tipo, me dijo que lo pensó. Pero que cuando su vida terminara, a él realmente no le importaba que lo recordaran como un gran profeta. Él prefería ser recordado como un padre espiritual. Así que, hizo lo que pensó que su Padre hubiera hecho. Estiró sus brazos con misericordia para levantar a uno de sus pequeños que habían tropezado.

Los profetas reales no sólo ven nuestros secretos, también están llenos de misericordia.

Posiblemente el principio profético más importante es seguir el ejemplo de Paul en la historia anterior. Paul simplemente estaba siguiendo la regla de oro: "Y como queréis que hagan los hombres con vosotros, así también haced vosotros con ellos" (Lc. 6:31). Si un profeta viera pecado en su vida, ¿cómo le gustaría que lo tratara? ¿Le gustaría que lo expusiera públicamente? Eso lo haría parecer un gran profeta frente algunos, pero ¿qué causaría en usted?

Aquellos que quieren verse como grandes profetas siempre terminan lastimando inútilmente a otros. Los profetas que son realmente grandes tratan a la gente como ellos quieren ser tratados. Cuando tienen una bendición o una advertencia para alguien, meditan en como transmitirla para que alcance el máximo beneficio para todos. No consideran solamente la forma de dar el mensaje, sino también el momento de darlo.

HÁGALO EN EL TIEMPO CORRECTO

Puede ser que tengamos una revelación verdadera, con la correcta interpretación y entonces dar el mensaje sin producir ningún beneficio porque dimos la palabra en el tiempo equivocado. Un profeta sabe que: "Manzana de oro con figuras de plata es la palabra dicha como conviene" (Pr. 25:11), una obra que trae gozo tanto al orador como al que escucha (véase Pr. 15:23).

Nunca le dé una palabra profética a alguien sin antes pedirle permiso a Dios y recibir autorización. Frecuentemente me preguntan: "¿Cómo sé que tengo permiso de parte de Dios para dar una palabra?". La respuesta es, él nos va a decir si le preguntamos. ¿Por qué nos daría Dios una revelación y no nos diría cómo usarla? Si tuvimos la capacidad para recibir una revelación, también tenemos la capacidad de escuchar qué hacer con ella.

También necesitamos que el Señor nos muestre cómo aplicar la revelación. Necesitamos eso tanto como necesitamos que él nos dé la revelación y su interpretación. La gente es diferente, y, por lo tanto, la misma verdad puede ser que necesite ser aplicada de diferentes formas si es que va a beneficiar al oyente. Una aplicación que podría irritar a una persona podría ser adecuada para otra. El Espíritu Santo debe iluminar cada paso del proceso si es que alguna vez seremos una bendición para alguien.

Algunas veces el Señor no le da al profeta la interpretación o la aplicación de una revelación y aun así le ordena dar la revelación. En este caso, puede ser que el Señor esté probando los corazones de los oyentes para ver si ellos valoran su palabra lo suficiente para buscarlo y obtener su significado y su aplicación. Debemos tener cuidado de no decir más de lo que Dios ha dicho. Si le añadimos algo, debemos hacer distinción entre la revelación y nuestra opinión con respecto a su interpretación y su aplicación. Nuestra opinión puede ser valiosa, pero si descuidadamente llevamos a nuestros oyentes a creer que eso es lo que

Dios dijo, probablemente será engañosa.

CONSIDERE EL PODER DE UNA PALABRA GENERAL

Las palabras generales, las palabras oscuras con cientos de aplicaciones apropiadas, también son una tentación para que el profeta le añada algo a la revelación. Es una tentación para los profetas porque la gente valora las palabras específicas más que las palabras generales, y añadirles unos pocos detalles puede lograr que el profeta parezca poderoso. Pero no lo haga. Si la palabra general es del Señor, tendrá poder. Añadirle sólo sería diluirla o arruinarla.

Recientemente me estaba dirigiendo a una audiencia acerca de escuchar la voz de Dios. La palabra *sueños* vino a mi mente mientras yo estaba viendo a una mujer en la tercera fila. Sentí que debería hablarle a la mujer, pero la palabra era demasiado general. Necesitaba mejorarla. Delante de todos le pregunté si ella había estado orando para tener sueños. Enfrente de todos, ella dijo que no.

Cinco minutos después, levantó su mano. Nos dijo que había leído uno de mis libros dos semanas antes y que había comenzado a tener sueños vívidos. No tenía a nadie con quien hablar de lo que le estaba sucediendo. Ella le pidió a Dios que nos permitiera conocernos para que pudiera preguntarme el significado de sus sueños. Ella no sabía que yo iba a estar en la ciudad. Se enteró de la reunión justo a tiempo para poder llegar ese día.

Ésta era una cita divina, y el Señor incluso me había dado el tema de la reunión, sus sueños. Casi lo arruino al tratar de mejorar una palabra general. Simplemente le debía decir: "Cuando la miré, la palabra *sueños* apareció en mi mente. ¿Significa esto algo para usted?". Entonces ella nos hubiera contado su historia. ¡Cuánto más poderoso hubiera sido eso!

SEA BONDADOSO

El Señor fue tan bondadoso en darle a esta mujer los sueños y luego en arreglar la reunión que ella le pidió. Su bondad es el estándar para todo ministerio profético. Cuando le damos una palabra a la gente, debemos hacerlos sentir bien. Sonríales. Llámelos por nombre. Siempre dé las palabras proféticas con ternura y humildad. Queremos que la gente sienta la bondad y el amor de Dios a través de nosotros.

Los mensajes iracundos, que nos hacen ver piadosos, juiciosos y acusatorios raras veces le hacen bien a alguien. Sé que los profetas del Antiguo Testamento frecuentemente hablaban palabras airadas de parte de Dios. Estas palabras eran habladas a un pueblo rebelde dado a la idolatría y a la hipocresía religiosa. Jesús reservó sus palabras de enojo para los líderes religiosos hipócritas que simulaban ser piadosos. (véase Mt. 23). Si Dios tiene un mensaje airado para la iglesia hoy, yo esperaría que viniera de la forma en la que siempre ha venido, de un profeta humilde y quebrantado que ama la iglesia y se identifica con su pecado, y que se mueve en el nivel más alto de revelación (cf. Dn. 9:4-19). La mayoría de las palabras "proféticas" iracundas provienen de un manantial de ira no sanada en el corazón del profeta.

Dé todos los mensajes, especialmente los negativos, con gentileza y tacto. No simplemente espete a un marido que su orgullo, egoísmo, insensibilidad y ceguera arruinarán su matrimonio. No lo va a recibir.

Va a pensar que usted lo está atacando, tomando el lado de su esposa. En lugar de eso diga: "Sé que su esposa está enojada y deprimida. Pero puedo ver que el diablo está usando su tristeza para ponerle una trampa. Le va a hacer pensar que no tiene nada que ver con su infelicidad, que todos los problemas serios en el matrimonio son culpa de su esposa. Si cae en la trampa, terminará viviendo miserablemente toda su vida o divorciándose. Creo que el Señor me ha mostrado cómo puede escapar de esa trampa si es que quiere escucharlo". Un mensaje moldeado de esta manera tiene la oportunidad de ser oído y de salvar un matrimonio.

Todos los profetas harían bien en pedirle al Espíritu Santo que escriba los siguientes proverbios en su corazón:

La blanda respuesta quita la ira; mas la palabra áspera hace subir el furor.
— PROVERBIOS 15:1

Con larga paciencia se aplaca el príncipe, y la lengua blanda quebranta los huesos.
— PROVERBIOS 25:15

Si enmarcamos nuestros mensajes con tacto, y evitamos ataques frontales al carácter de una persona, es más probable que nuestras palabras sean recibidas en el corazón de nuestros oyentes.

INTERCEDA

En el centro del cielo hay cientos de millones de ángeles. En medio de los ángeles hay veinticuatro tronos con veinticuatro ancianos sentados en ellos.

En medio de los tronos hay cuatro seres vivientes que vuelan alrededor de un trono, el cual esta rodeado por un arco iris de esmeralda. En el centro de ese trono, en el mero centro del cielo, está sentado el Señor Jesucristo. Todos los que lo rodean tienen su mirada puesta en la belleza de esa Persona gloriosa y cantan alabanzas a él sin parar (véase Ap. 4-5). ¿Qué es lo que *él* está haciendo?

Él no permite que el esplendor de la adoración angelical lo distraiga de su actividad principal. Hora tras hora él está trabajando en oración por usted y por mí y por todos aquellos que él está trayendo a su Padre (véase He. 7:25). El Profeta más grande, también es el Sumo Sacerdote, y aunque es omnisciente y omnipotente, todavía está orando.

Siguiendo el Espíritu de Jesús, los grandes profetas también han sido grandes intercesores. Si realmente queremos que nuestra palabra profética acerque a los oyentes a Dios, entonces debemos orar por ellos después de que les demos la palabra. La intercesión es trabajo duro. En verdad es mejor hacer cualquier otra cosa que orar. Pero posiblemente sean nuestras oraciones, no nuestra palabra, las que Dios use para ayudar a la persona. No es nuestro trabajo hacer que la persona acepte la palabra, ni es nuestro trabajo hacer que la palabra se cumpla. Después de que Isaías dio uno de sus mensajes más difíciles de juicio, dijo: "Esperaré, pues, al Señor, el cual escondió su rostro de la casa de Jacob, y en él confiaré" (Is. 8:17). Siga el ejemplo de Isaías: espere en el Señor y ponga su confianza en él para que no caiga en el síndrome del profeta rechazado.

Retenga palabras

Daniel no sólo era un profeta, era un profeta sabio (véase Ez. 28:3). Cuando recibió una de sus visiones más espectaculares y perturbadoras, la guardó para sí mismo (véase Dn. 7:28). Él no necesitaba probar que era un profeta espectacular compartiendo la visión, ni siquiera en su círculo íntimo. No se molestó cuando Dios le dio una visión y no le permitió compartirla. Él sabía que la recompensa era la misma por compartir que por retener la revelación mientras que cualquiera de las dos cosas se hiciera en obediencia al Señor.

La disciplina para guardar silencio cuando Dios está en silencio o cuando no ha autorizado hablar es un signo de madurez. Dios no revela sus secretos a boquiflojos sino a los que le temen (véase Sal. 25:14). Probablemente en el cielo el profeta es más conocido por lo que no dice que por lo que sí dice. Nadie llega al nivel más alto del ministerio profético sin dominar el arte del freno profético.

Estos son los profetas a los que se les puede confiar una revelación que todavía no está madura para ser revelada, que debe ser *sellada* para un uso posterior (véase Is. 8:16; 29:11; Dn. 8:26; 12:4, 9). Estos son los profetas a quienes Dios muestra sus grandes secretos y después confía en que *nunca* van a repetir lo que han visto u oído a nadie (véase 2 Co. 12:4; Ap. 10:4). Éstos son los amigos confiables de Dios quienes tienen los intereses de Dios en su corazón y no los suyos propios.

¿Por qué el Señor le mostraría algo a un profeta y no le daría permiso de que lo compartiera? Posiblemente está llamando al profeta a que interceda en lugar de profetizar, De hecho, *a menos que el Señor diga otra cosa, cada revelación es también un llamado a la oración.* A lo mejor, el tiempo del mensaje no ha venido todavía. Algunas veces el Señor da un mensaje por etapas, y el profeta que revela una parte de un mensaje como si estuviera completo puede desviar a alguien.

También es posible que podamos ver más exactamente lo que alguien está planeando hacer, pero no lo que Dios realmente quiere que esa persona haga. Si hablamos sin el permiso de Dios, podemos confirmar los planes del hombre, en lugar de los planes de Dios. En ese caso habremos formado parte del engaño en lugar de la liberación.

Decir: "Así dice el Señor"

¿Debe uno presentar su mensaje diciendo: "Así dice el Señor"? Los profetas del Antiguo Testamento lo hicieron frecuentemente. La contraparte del Nuevo Testamento es: "Esto dice el Espíritu Santo" (Hch. 21:11). Cuando los profetas usaron esta frase, ellos estaban asegurando que decían las palabras precisas de Dios, no la interpretación o la aplicación de la revelación que habían recibido. "Así dice el Señor", no permitía ninguna discusión. Significaba: "Esto es exactamente lo que Dios ha dicho. El asunto ha sido decidido". Los profetas que usaban esta frase no lo hacían para hablar palabras de profecía personal. Se les había dado la autoridad para hablar la palabra sobre naciones. Habían probado tener el carácter y el currículum necesario. La mayoría fueron perseguidos y algunos se convirtieron en mártires. En mi opinión, deberíamos ser más veloces en copiar su pasión por Dios, y más lentos en copiar su vocabulario.

Cuando le decimos "Así dice el Señor" a alguien, no le hemos dado a la persona ninguna oportunidad de estar en desacuerdo. Él o ella pueden sentirse controlados o manipulados porque es intuitivamente obvio, aun si ellos no lo pueden expresar, que no tenemos la misma autoridad que los profetas que hablaron a naciones. No estoy diciendo que siempre esté mal usar "Así dice el Señor", sólo que la mayoría de los que lo usamos no tenemos la autoridad para hacerlo. Aun los profetas que conozco que tienen mayor autoridad pocas veces usan la frase.

Por otro lado, conozco buenos profetas que están en desacuerdo conmigo en este punto. Ellos usan la frase constantemente cuando profetizan. No voy a permitir que su estilo de profetizar me cause perder la bendición de su amistad o su ministración.

AUTORIDAD PROFÉTICA

Las palabras proféticas siempre están sujetas a la autoridad de la Escritura. En el Antiguo Testamento, incluso si una palabra profética se cumplía y era confirmada con señales milagrosas, no se debía seguir o creer si contradecía la enseñanza de la Escritura (véase Dt. 13:1-5). En tiempos de Isaías la gente consultaba médiums y espiritistas. Isaías puso una regla para distinguir entre el profeta verdadero y el falso: "¡A la ley y al testimonio! Si no dijeren conforme a esto, es porque no les ha amanecido" (Is. 8.20).

Pablo trató con el mismo problema en Corinto, donde algunos clamaban que habían sido dirigidos a ignorar su enseñanza debido a su inspiración profética. Él escribió: "Si alguno se cree profeta, o espiritual, reconozca que lo que os escribo son mandamientos del Señor" (1 Co. 14:37). La autoridad de la Escritura es universal, para toda la gente y para todos los tiempos. La revelación personal es sólo para la persona a quien es dada sólo para ese tiempo en particular.

¿Cuánta autoridad le debemos asignar a las palabras proféticas personales? ¿Debemos esperar que alguien base sus decisiones en una palabra profética que hayamos dado? Jeremías ciertamente esperaba que la gente basara sus decisiones en su palabra profética. Cuando el pueblo le preguntó si debían quedarse en Judá o huir a Egipto, él dijo que el Señor los protegería solamente si se quedaban en Judá (Jer. 42). La gente no lo escuchó y la mayoría murió bajo juicio en Egipto. Pero estaríamos equivocados si usamos a Jeremías o algunos de los profetas del Antiguo Testamento como nuestro modelo para la autoridad de las palabras proféticas personales actuales. Ésta es la razón.

Los ejemplos del ministerio profético del Antiguo Testamento no incluyen muchos casos en los que los profetas hayan dado palabras *personales*. Casi todos los ejemplos tienen que ver con palabras *colectivas*.

Aun las palabras personales para el rey eran en realidad palabras colectivas porque su propósito era ayudar al rey a guiar a la nación. Y sería un error usar ejemplos colectivos como un modelo para palabras personales. En una palabra colectiva, los profetas representaban la voz de Dios para una nación que reconocía al Señor como su único gobernante. En el ejemplo anterior, Jeremías no le está hablando a un individuo para darle algún tipo de dirección sobre dónde debería vivir. Le está hablando al remanente de la nación rebelde diciéndoles la única manera en la que Dios va a permitir su supervivencia.

Dios usaba a los profetas para decir cosas que ni el rey ni la nación querían creer. Para ayudar a la gente a creer, estableció la autoridad de los profetas en formas inolvidables. Descendió en una nube para hablar con Moisés frente a todo el pueblo (véase Ex. 19:9). Hizo que las aguas del Jordán se detuvieran en un montón para que el pueblo pudiera seguir a Josué a la tierra prometida (véase Jo. 3:7-17). Le dio una precisión extraordinaria a Samuel para que ninguna de sus palabras cayera a tierra (1 S. 3:19). Confirmó las palabras de Elías al retener la lluvia durante tres años y medio y al otorgarle el poder de hacer descender fuego del cielo (véase 1 R. 17:1; 18:36-38). Las visitaciones divinas, señales de la naturaleza, gran exactitud, milagros y otras experiencias sobrenaturales eran las tarjetas de presentación de los profetas.

Cuando vino Jesús, le dio su autoridad a los apóstoles, no a los profetas. La estructura de autoridad de la iglesia difiere de la del pueblo de Israel.

Los apóstoles, no los profetas, tenían autoridad traslocal en el cuerpo de Cristo. Los apóstoles del Nuevo Testamento daban palabras colectivas a toda la iglesia. Dios le reveló a cada apóstol el radio de su esfera de autoridad, y la iglesia reconocía esa autoridad. Pedro tenía autoridad entre los judíos. La esfera de Pablo estaba entre los gentiles. Los profetas del Nuevo Testamento difieren de sus contrapartes del Antiguo Testamento por tener un mayor ministerio en el ámbito personal que en el colectivo. Los profetas en la iglesia le hablaban a individuos para su consuelo, exhortación y edificación (véase Hch. 15:32; 1 Co. 14:3). También podían dar palabras colectivas (véase Hch. 11:27-30), pero el Nuevo Testamento enfatiza su ministración a individuos.

En el ámbito local, los ancianos de iglesias individuales, no los profetas, tenían la autoridad. La mayoría de los profetas del Nuevo Testamento no son ni ancianos ni líderes. Pablo escribió: "Los ancianos que gobiernan bien" (1 Ti. 5:17). Y aquí está el punto crítico: *toda la autoridad en el Nuevo Testamento ha sido dada para dirigir los asuntos de la iglesia, no la vida personal de individuos.* Cuando los líderes de una congregación o de un movimiento cristiano comienzan a ejercer autoridad sobre la vida personal de sus seguidores, están en el camino que lleva a formar una secta. Ni los pastores, ni los profetas deberían estar tomando nuestras decisiones personales por nosotros.

Jesús nos ha dado una relación más íntima con el Padre que la que los santos del Antiguo Testamento tuvieron la oportunidad de experimentar. La experiencia normal para nosotros es escuchar su voz (véase Jun. 10:4). Tenemos al Espíritu Santo para guiarnos (véase Ro. 8:14). Dios espera que escuchemos al Espíritu Santo en lo concerniente a nuestras decisiones personales. Esto no quiere decir que los profetas no nos puedan ayudar. Ellos pueden apoyar, confirmar o aclarar lo que creemos que el Señor nos está diciendo. Pueden llevarnos a orar por indicaciones que no habíamos pensado. Pero nunca deberían guiarnos a renunciar al privilegio de escuchar la voz de Dios por nosotros mismos. Nunca debemos de actuar basados solamente en la iluminación de alguien. Dios nos va a hacer responsables de cada una de las decisiones que tomemos. No va a permitir que justifiquemos nuestras decisiones diciendo:

"¡Fue el profeta que tú me diste!".

Esto no quiere decir que los profetas del Nuevo Testamento no hablen palabras poderosas de autoridad. De hecho, al final de esta era va a haber un avivamiento profético. Los dos profetas más poderosos todavía están por venir, y su autoridad será establecida como la de los profetas antiguos (véase Ap. 11:3-12). Aun ahora hay indicios de que Dios está preparando a la iglesia para recibir un nivel mayor de ministerio profético.

RESPETE LA AUTORIDAD PASTORAL

Recientemente, conocí a un joven en un congreso que era muy amable, sincero y con un don profético. Él sentía que su congregación había caído en un atolladero y que el Señor le había mostrado la manera de salir. Le dijo al pastor que debería cerrar la congregación durante un mes para que durante ese tiempo pudiera aprender realmente como llevar una congregación. Él no podía entender la razón por la que el pastor lo rechazó a él y a su palabra.

No dudo que el joven vio algunos patrones equivocados en el funcionamiento de su congregación. Pero al no respetar la autoridad de su pastor socavó la efectividad de cualquier mensaje que pudiera haber escuchado de parte de Dios. ¿Cómo es que fracasó en respetar la autoridad del pastor?

Primero, indicó una corrección de mucho peso sin tacto. El no consideró el impacto de su mensaje en el pastor. No se dio cuenta de que le estaba diciendo al pastor que todo su trabajo anterior en la congregación tenía defectos muy severos. Ésta no es una manera para acercarse a aquel que, no sólo se le ha confiado la autoridad para dirigir los asuntos de la congregación (véase 1 Ti. 5:17), sino también la autoridad para cuidar del alma del joven profeta (véase He. 13:17).

Segundo, dio un mensaje que no tenía la autoridad para dar. Los mensajes que involucran un cambio de dirección radical de un ministerio normalmente se le confían a profetas que tienen un historial sobrenatural probado y autoridad divina reconocida. El joven no tenía ninguna de las dos.

El profeta principiante que tenía delante de mí era un exitoso hombre de negocios quien nunca había recibido entrenamiento ministerial o profético. Le pregunté si le gustaría que alguien sin experiencia en los negocios le dijera que cerrara su compañía durante un mes para que pudiera durante ese tiempo aprender verdaderamente como hacer negocios. Entendió el asunto, pero demasiado tarde. El daño ya había sido hecho.

Aun así es un buen hombre, con un don auténtico, capaz de recibir corrección. Me hubiera encantado tenerlo en mi congregación para entrenarlo y ponerlo a trabajar. Sólo necesita un mejor entendimiento de la autoridad de Dios.

El propósito de la autoridad divina es diferente que el de la autoridad terrenal. Es dada para guiar a la gente a tener una relación más profunda con Jesús, no para controlar a otros. Distinta a la autoridad terrenal, es dada de manera diferente. La autoridad divina evita a aquellos que buscan tenerla, abandona a aquellos que abusan de ella y descansa en aquellos que descansan en la Palabra.

Ocho

Engaño, Demonios y Falsos Profetas

Nos quedamos sin poder articular palabra. ¿Cómo es que este hombre conocía los secretos de nuestro corazón sin siquiera habernos presentado? Allí estábamos doce de nosotros sentados en círculo. La mayoría éramos pastores. Sólo uno era profeta. Profetizó sobre tres de nosotros, uno tras otro, con precisión perfecta acerca de nuestro presente, pasado y futuro. Le creímos. Volviéndose hacia el cuarto, dijo que en los postreros días la iglesia activa de los Estados Unidos sería dividida en doce tribus y que esas doce tribus tendrían gran poder. Y mirando a los ojos al pastor le dijo:

—Y tú vas a ser el líder de una de ellas.

Yo debería haber sabido inmediatamente que esa palabra estaba equivocada. No sólo porque el pastor tenía cuarenta personas en su iglesia. No sólo porque nunca se había movido en los dones sobrenaturales del Espíritu Santo. Y no sólo porque no tenía las habilidades para guiar a muchedumbres. Sino porque cuando escuchó la profecía, sonrió con una sonrisa de bienvenida y aceptación. Si él hubiera tenido el corazón para tal llamado hubiera *temblado* en lugar de sonreír.

La profecía tuvo resultados destructivos inmediatos en la vida del pastor. Para mencionar sólo uno, le hizo pensar más de sí mismo que lo que debería pensar. Después de todo, ¿no había dicho el Señor que gobernaría sobre una tribu en los últimos días?

Un año después, en la inevitable caída hacia el desastre, el pastor le preguntó al profeta porque las cosas se estaban desmoronando. Como un punto a su favor, el profeta le dijo al pastor que se había equivocado en su profecía. Bueno, más o menos. Lo que en realidad dijo fue:

—Estoy cancelando las profecías que di acerca de movimientos el año pasado.

¿Por qué podría un pastor creer una profecía equivocada acerca de sí mismo? Con lo que conozco al pastor, me he formado mi propia opinión del porqué creyó ésta. Enterrada dentro de su alma había un engaño que organizaba sus valores y sus prácticas, sirviendo como filtro para interpretar muchas de sus experiencias. El engaño era que él únicamente podría encontrar valor en su vida al convertirse en un gran líder en la iglesia, o más precisamente, al ser *reconocido* por la iglesia como un gran líder. La profecía había estado de acuerdo con su engaño previo y encontró acogida en un hogar ya amueblado para ella.

¿Cómo es que un profeta tan ungido falló tan grandemente? ¿Su falla significa que era un falso profeta? Antes de que podamos contestar estas preguntas, necesitamos considerar el contexto más amplio de un ministerio falso.

EL MINISTERIO FALSO

El diablo no puede crear. Sólo Dios puede crear. Por lo tanto, en su lucha contra Dios, una de las estrategias principales del diablo es engañar a la gente falsificando lo que Dios hace. ¿Dios le habla a su pueblo y lo dirige? Entonces el diablo también. ¿Le da el Señor sabiduría a su pueblo? El diablo tiene su propia sabiduría, la cual intenta impartir a la iglesia (véase Stg. 3:15). ¿El Espíritu Santo nos habla y nos convence de nuestro pecado (véase Jn. 16:8)? También el diablo. Pero en lugar de convencernos, lo cual nos conduciría a la esperanza, nos acusa y nos condena, lo cual nos conduce al desaliento (Ap. 12:10).

El diablo tiene falsos cristos y falsos profetas a quienes les da poder para hacer señales mentirosas, maravillas y milagros (véase Mt. 24:24; 2 Co. 11:13-15; 2 Ts. 2:9; Ap. 6:14). Él tiene falsos profetas a quienes puede impartirles un *espíritu de mentira* para engañar reyes (véase 1 R. 22:21) o a través de quienes impartir un *espíritu de adivinación* para predecir el futuro con cierto grado de precisión (véase Hch. 16:16). Puede proveer una unción falsa (véase 1 Jn. 2:27). Esta unción le provee a los falsos maestros y a los falsos ancianos humildad falsa, sabiduría falsa y doctrinas falsas (véase Hch. 20:29-31; Col. 2:18, 23; 1 TI. 6:3-5; 2 P. 2:1-3, 20).

Estos maestros y ancianos: "Apostatarán de la fe, escuchando espíritus engañadores y a doctrinas de demonios" (1 Ti. 4:1). De esta forma el diablo puede introducir doctrinas de demonios en la iglesia. El diablo también envía falsos hermanos a la iglesia para robar el pan de los hijos y traicionar a sus líderes (véase 2 Co. 11:26). El diablo intentará falsificar todo lo que Dios hace, incluso los dones que han sido dados a la iglesia.

¿Por qué Satanás quiere sustituir con el ministerio falso el ministerio verdadero del Espíritu Santo? Primero, él sabe que hay mucha gente religiosa que nunca seguiría el mal a sabiendas. Por lo tanto, produce una falsificación atractiva para alejar a los religiosos de la verdad. Aquellos que son atraídos por el ministerio falso piensan que todavía están sirviendo a Dios. De hecho, piensan que los verdaderos adoradores son los que están engañados.

Segundo, si el diablo se puede infiltrar a la iglesia con ministros y doctrinas falsos, puede provocar una división, debilitando la pureza y el poder de la iglesia. Tercero, al darle poder a los ministros falsos con dones falsos, el diablo ha logrado que la iglesia les tenga temor a los dones sobrenaturales verdaderos y a aquellos que los usan. Ha tenido tanto éxito con esta estrategia que parte de la iglesia tiene más confianza en la habilidad de Satanás para engañarlos que en la habilidad de Jesús para guiarlos.

Falsos profetas

Los falsos profetas tienen poder. Pueden predecir el futuro y realizar señales y maravillas (véase Jer. 23:10; Is. 44:25; Mt. 7:21-23; 24:24). Buscan debilitar a los profetas verdaderos y cuando viene una oportunidad, los persiguen (véase Jer. 23:1-17; 1 Jn. 4:6). Los falsos profetas le dicen a la gente que vienen cosas maravillosas cuando los profetas verdaderos les han decretado juicio (véase Jer. 23). Viven en inmoralidad y la promueven entre el pueblo de Dios (véase Jer. 23:14; Ap. 2:14, 20-23). Niegan las verdades fundamentales de la fe (véase 2 P. 2:1-3). Pero el elemento fundamental, la característica principal de los falsos profetas, es que usan su poder para alejar a la gente del verdadero Dios y la conducen a dioses falsos (véase Dt. 13:1-5; Jer. 23:13; Hch. 13:6-8).

Un falso profeta no es un profeta que comete un error al hacer una predicción. Deuteronomio 18:15-22 es usado por algunos para enseñar que si un profeta comete un error debe ser considerado un falso profeta y apedreado. Pero el texto en Deuteronomio no se refiere a profetas en general. En el versículo 15 Moisés predice: "Profeta de enmedio de ti, de tus hermanos, como yo, te levantará el Señor tu Dios; a él oiréis". La clave para entender la profecía es: "Como yo". Moisés fue único entre los profetas (véase Nm. 12:6-8; Dt. 34:10-12). Como mediador del Antiguo Pacto, Moisés estaba entre Dios y el pueblo como un representante de ambos. Cuando les dijo a los israelitas que Dios les daría un profeta "como yo" se estaba refiriendo al Mesías, y precisamente así es como el Nuevo Testamento entendió la profecía (véase Hch. 3:17-26; 7:37). El falso profeta de Deuteronomio 18:20 tenía que ser muerto no porque cometiera un error, sino porque presumiera ser como Moisés, mientras guiara al pueblo a adorar a otros dioses.

Además, no existe otro texto en el Antiguo Testamento que apoye la idea de ejecutar a un profeta por un error, y no se registra ningún ejemplo de que el pueblo aplicara Deuteronomio 18:15-22 de esa manera. Al contrario, cuando Natán cometió un error al hablar de parte de Dios a David y decirle que siguiera adelante con los planes para construir el templo, simplemente Dios corrigió a Natán. Nadie lo llamó un falso profeta, ni intentó apedrearlo (véase 2 S. 7:1-17).

Jesús dijo que reconoceríamos a un falso profeta por el fruto de su ministración, no por su poder, sus milagros o su precisión (véase Mt. 7:15:23). Y si los profetas del Nuevo Testamento no cometían errores, ¿entonces por qué Pablo le ordena a la iglesia juzgar las profecías (véase 1 Co. 14:29)?

Dos teólogos contemporáneos, a quienes yo admiro, sostienen un debate constante. Uno usa la Biblia para probar que los dones sobrenaturales del Espíritu Santo ya pasaron. El otro usa la Biblia para probar que todavía están siendo dados hoy en día. Ambos hablan sus puntos de vista públicamente en el nombre del Señor. Como ambos están enseñando doctrinas contrarias, uno de ellos debe estar enseñando doctrina falsa. Pero nadie, que yo conozca, se atrevería a llamar a ninguno de estos maestros, falsos maestros. Todos los maestros, pastores y evangelistas cometen errores. Incluso el apóstol Pedro cometió un error tan serio que estaba conduciendo a los creyentes de Antioquía a la hipocresía, y Pablo tuvo que reprenderlo públicamente (Ga. 2:11-21). ¿Por qué no les podemos mostrar a los profetas la misma misericordia? ¿Por qué el ministerio profético es al único que no se le permite ni un error y tampoco se le permite crecer en gracia?

Categorías neo testamentarias de profetas

La tendencia común es pensar que todo ministerio profético es o falso o verdadero. Este es un error que cometemos al hacer de uno de los profetas estelares de la Biblia como Isaías o Elías el modelo del ministerio profético de hoy. Los profetas estelares no representan el ministerio profético promedio. El promedio se encuentra en las escuelas de profetas anónimos en el Antiguo Testamento y en el don de profecía dado a creyentes normales en el Nuevo Testamento. ¿Qué pasaría si hiciéramos del apóstol Pablo el modelo de toda enseñanza y rechazáramos a cualquier maestro en la iglesia, hoy en día, a menos que pudiera estar hombro a hombro con Pablo? Si fuéramos a establecer un estándar así, podríamos concluir que no habría maestros en la iglesia hoy.

No estoy diciendo que no debemos tener metas altas. La vida y ministerio de Jesús debería ser nuestra meta, así como la vida y ministerio de sus más grandes siervos. Pero si tomamos al más grande en cada categoría del ministerio y decir que ese es el estándar por el cual debemos juzgar si un ministerio es verdadero o falso, tendríamos que concluir que la mayoría de los ministerios son falsos.

Dos de mis metas son amar a Jesús como el apóstol Juan y enseñar como el apóstol Pablo. Estoy bastante lejos de esas metas. Y puede ser que nunca las alcance, o siquiera me acerque. Eso no quiere decir que el amor que tengo por Jesús no es real o que el don de enseñanza que tengo es falso.

Cuando evaluamos los profetas del Nuevo Testamento, debemos pensar en términos del Nuevo Testamento. Por ejemplo, Pablo describió a algunos cristianos como *espirituales*, y otros como *carnales* (1 Co. 3:3). Los creyentes espirituales son aquellos que han caminado con Cristo tan consistentemente que sus vidas reflejan el fruto del Espíritu (véase Ga. 5:22-23). El creyente carnal ha tenido el suficiente tiempo para convertirse en espiritual, pero ha permanecido inmaduro porque ha rechazado la corrección. Es mejor en culpar a otros que en arrepentirse. Hay otros cristianos que son inmaduros simplemente por el hecho de que son nuevos creyentes y no han tenido el tiempo de madurar.

¿Por qué no pensar en los profetas en estas misma categorías? Está el profeta espiritual, quien es maduro en su carácter y en su don. Y está el profeta inmaduro que está en crecimiento y que su carácter y su don están mejorando. Y está el profeta carnal que puede ser que tenga un don maravilloso, pero cuyas deficiencias de carácter están produciendo más contiendas que fruto del Espíritu. En términos de dones, el profeta inmaduro y el profeta carnal pueden ser semejantes. Es sólo por el don espiritual de discernimiento o por la evaluación de sus ministerios a través del tiempo que los podemos distinguir. Finalmente, está el falso profeta quien tiene un don sobrenatural pero que no ha nacido de nuevo y utiliza su don para apartar a la gente del Señor.

¿Profetas carnales o falsos profetas?

Jesús advirtió que en los últimos tiempos: "Muchos falsos profetas se levantarán, y engañarán a muchos" (Mt. 24:11) y que tendrían un poder sobrenatural extraordinario (véase Mt. 24:24). Es posible que el movimiento de la Nueva Era sea el principio del cumplimiento de la advertencia de Jesús. Hasta ahora, no me he topado con muchos falsos profetas en la iglesia. Creo que los profetas carnales son un problema mayor que los falsos profetas. Pero mientras el ministerio profético se afirme cada vez más, entonces esperaremos ver más falsificaciones proféticas. Ésta sería una señal de que el fin de los tiempos se acerca.

Reconozca a los falsos profetas

¿Cómo reconocemos lo falso? Judas 4-19 es

probablemente el mejor pasaje que describe a los ministros falsos. A la cabeza de la lista de Judas está que: "Niegan a Dios el único soberano, y a nuestro Señor Jesucristo" (v. 4). Sus motivos para el ministerio pueden encontrarse en: "El camino de Caín", enojo o rechazo; en el: "Error de Balaam", codicia e inmoralidad; o en: "La contradicción de Coré", envidia de los líderes ungidos de Dios (v. 11). Su ministerio se caracteriza por inmoralidad, rechazo a la autoridad, egoísmo, manipulación, murmuración, crítica, lisonja, presunción vacía y la decepción de todos los que confían en ellos. Son incorregibles porque: "No tienen al Espíritu" (v. 19). La descripción de Judas se ajusta perfectamente no sólo a los falsos profetas, sino a falsos apóstoles, maestros y ancianos.

Para identificar la falsificación con certeza, busque que se combinen dos cosas. Primero, el ministerio falso va a negar lo que está escrito en la palabra de Dios. Segundo, el diablo no puede producir el fruto del Espíritu, el ministro falso estará vacío de vida espiritual y de fruto. Se podría pensar que es muy fácil identificar a los falsos profetas por su falta de vida espiritual y de fruto. Pero no es así.

Los ministros falsos son mentirosos acerca de lo que creen. Además son muy simpáticos en su engaño. Lo que dificulta más el asunto es que tienen cierto grado de poder que parece confirmarlos. Con esa combinación forman una base de apoyo antes de revelar su verdadero carácter y creencias. Jesús advirtió que el poder engañoso sería tan grande en los últimos días que: "Engañarán, si fuere posible, aun a los escogidos" (Mt. 24:24). La mejor forma de descubrir la unción mentirosa de los falsos profetas es el discernimiento que viene con la unción verdadera. Hemos recibido el Espíritu Santo: "Para que sepamos lo Dios nos ha concedido" (1 Co. 2:12) y rechazar los dones falsos del diablo. En particular, el Señor le ha dado a algunos en el cuerpo el don de: "Discernimiento de espíritus" (1 Co. 12:10). Ellos pueden discernir la diferencia entre la obra del Espíritu Santo, los espíritus demoníacos y simplemente los espíritus humanos.

A la luz de la exposición anterior, podríamos concluir que el profeta al principio de este capítulo que dio una profecía incorrecta no era una falso profeta. No negó las doctrinas fundamentales ni guió al pueblo a que se alejara de Dios y adorara dioses falsos o a la inmoralidad. Aun así, ¿cómo es que fue tan sorprendentemente preciso con tres personas seguidas y equivocarse tan dramáticamente con el cuarto?

Puertas abiertas para la opresión demoníaca

¿Puede un espíritu inmundo engañar a un profeta verdadero? Sin tomar parte en el debate de si un cristiano puede o no estar endemoniado, déjeme enlistar algunas formas en las que cualquier creyente puede ser influenciado por demonios. La Biblia enseña que la práctica prolongada y voluntaria de pecado en una de las áreas siguientes puede darle al diablo un lugar de influencia en nuestra vida:

1. Ira y falta de perdón (Ef. 4:26-27; 2 Co. 2:9-11).
2. Lujuria, inmoralidad sexual o perversión (1 Co. 5:5).
3. Odio y violencia (Lc. 9:54-56; Jn. 8:44).
4. Envidia, celos y ambición personal (Stg. 3:13-18; 1 S. 18:8-11).

5. Ocultismo (Lv. 19:31; Dt. 18:9-13; Hch. 16:17-18).
6. Codicia o idolatría (1 Co. 10:20; Ap. 9:20; 1 Ti. 6:9; Col. 3:5).
7. Blasfemia (1 Ti. 1:20).

Cuando un profeta guarda cualquiera de estas cosas en su corazón, los poderes demoníacos tienen la oportunidad de distorsionar sus capacidades de revelación verdaderas o incluso darle una revelación falsa.

¿Fue el profeta engañado por un demonio cuando le dio la profecía al pastor? No lo creo. Hay otras fuentes de engaño además de los espíritus engañadores, y creo que la respuesta se encuentra ahí.

La contaminación de lo profético con nosotros mismos

No necesitamos un demonio para ser engañados. Porque: "Engañoso es el corazón más que todas las cosas, y perverso; ¿quién lo conocerá?" (Jer. 17:9). En realidad somos proclives a engañarnos a nosotros mismos. Y recuerde, cuando estamos tratando de escuchar a Dios, siempre estamos tratando con tres niveles: revelación, interpretación y aplicación. Podemos confundir nuestros propios pensamientos con la revelación de Dios, o podemos tener una revelación verdadera y darle una interpretación o una aplicación equivocada.

¿Qué es lo que contamina este proceso?

El Señor prometió darnos los deseos de nuestro corazón siempre y cuando nos deleitáramos en él (véase Sal. 37:4). Cuando nos deleitamos en algo más que en él, nuestros deseos pueden desviarnos. Pablo expresó este principio en Romanos 8:5: "Porque los que son de la carne piensan en las cosas de la carne; pero los que son del Espíritu, en las cosas del Espíritu". El estado normal de los cristianos en crecimiento es poner su mente en Dios, deleitarse en él. Pero cuando eso se interrumpe, nuestros deseos se convierten en nuestros enemigos. Nos engañan (véase Ef. 4:22), nos corrompen (véase 2 P. 1:4), y: "Ahogan la palabra, y se hace infructuosa" (Mr. 4:19). Así que un deseo equivocado puede contaminar el proceso de discernir la voz de Dios.

Uno de los deseos más peligrosos es el deseo de sobresalir. Este deseo puede hacer imposible que escuchemos la voz de Dios (véase Jn. 5:37, 44).

Las actitudes pecaminosas como el temor y la crítica también oscurecen la revelación. Por ejemplo, cuando juzgo a mi hermano, mi visión puede hacerse borrosa a tal extremo que ya no veo la enormidad de mi propio pecado (véase Mt. 7:3-5). Si un profeta tiene un sueño negativo acerca de un creyente contra quien él está enojado, debería echar el sueño por la borda junto con toda la demás basura del alma que está contaminando su don de revelación (véase Stg. 1:20).

Algunas veces puede ser que un profeta pase por una época en la que invierte una gran cantidad de tiempo en cultivar su don en lugar de cultivar su relación íntima con Dios. En lugar de buscar una relación, está perfeccionando un ministerio. Claro que, esto también les sucede a los pastores, maestros y evangelistas. Los resultados son predecibles. No solamente perdemos el gozo y la paz en nuestra vida personal, sino que, irónicamente, también perdemos el poder en nuestro ministerio. En el caso del profeta, esto significa una pérdida o una contaminación de la revelación.

Nadie está exento de influencias culturales. Ésta es otra fuente de contaminación. Algunas creencias culturales inconscientes afectan lo que un profeta piensa que Dios puede estar diciendo. O puede ser que esté tan impresionado por la última teoría teológica flotando por ahí que trata de acomodar lo que escucha del Espíritu Santo a la nueva teoría.

Y siempre, *siempre* está la presión de la gente. Es tan difícil para algunos profetas resistir la tentación de agradar a la gente, especialmente cuando el profeta ve a la persona que está frente a él como alguien importante o con influencia. He visto a profetas maduros dejar todo y correr hacia el poderoso, asumiendo que la invitación del poderoso es la misma invitación que la del Todopoderoso, sólo para regresar decepcionados. Los grandes profetas de la Biblia no se impresionaban con los reyes que gobernaban la tierra, sino con el Rey que gobierna el cielo y la tierra.

El profeta que fue tan exacto conmigo pero que falló con el otro pastor, creo, cayó en la trampa de agradar al poderoso. No que pensó que el pastor sentado delante de él fuera muy poderoso, sino que pensó que el pastor estaba bien conectado con alguien en algún lado. Y que si él impresionaba al pastor, posiblemente el pastor utilizaría su influencia para mejorar las relaciones del profeta. Posiblemente ésta no fue la razón de su error. Sin embargo, debe haber una causa, y después de haber meditado en esto durante tanto tiempo, ésta es la explicación que más me hace sentido.

El apóstol Pablo lo resumió así: "Pues, ¿busco ahora el favor de los hombres, o el de Dios? ¿O trato de agradar a los hombres? Pues si todavía agradara a los hombres, no sería siervo de Cristo" (Ga. 1:10). Pablo sabía que la manera más fácil de caer en el engaño era esforzarse más en agradar a los hombres que en agradar a Dios.

¿Cómo es que los profetas pueden evitar el engaño? De la misma manera que los demás creyentes: al tratar de agradar a Dios más que a los hombres, por deleitarse en él sobre todo lo demás, y por amarlo a él más que a todo lo demás; especialmente más que a nuestros ministerios.

Nueve

CREZCA EN SU DON PROFÉTICO

Parado en una plataforma frente a dos mil personas, estaba a punto de ser humillado. Nunca lo vi venir. En su lugar, vi una revelación gloriosa que podría liberar a una persona de años de dolor. Resultó que la revelación sí era de Dios, pero también la humillación.

Una congregación denominacional me había invitado a hablar dos noches seguidas, la primera noche acerca de escuchar a Dios y la segunda acerca de la sanidad. Esto era un poco fuera de lugar para la congregación ya que yo no era un miembro de la denominación y porque esos eran temas controversiales dentro de la denominación.

Llevé conmigo a un profeta maduro. El mensaje acerca de escuchar la voz de Dios estuvo bien. Entonces vino el tiempo de la demostración. (No se puede predicar de que Dios habla sin darle una oportunidad a Él de hablar y a la gente de escucharlo.) Recibí una fuerte impresión y decidí ser el primero. Señalé al fondo del auditorio y dije:

—Alguien allá atrás y a mi derecha padece dolores de migraña. De hecho, está teniendo uno en este momento. Si viene aquí al frente, creo que el Señor lo va a sanar.

Mi mente pulsaba con confianza. Estaba muy calmado porque estaba seguro de que la palabra era del Señor y que Él sanaría a esa persona. Los segundos pasaron y nadie se movió. Repetí la palabra y nadie se movió. Mientras mi confianza se evaporaba, grandes gotas de sudor se formaban en mi sien. La gente me estaba dando miradas compungidas de lástima que decían: *Pobre maestro. Iba tan bien hasta que trató de hacerle de profeta.*

En algún punto entre mis gotas de sudor y la mirada de la gente mi mente se desenchufó. Fui reducido a un muñeco de trapo parado junto a un profeta verdadero. Mi amigo profeta, Phil Elston, tuvo misericordia de mí. Señaló a cinco hombres en la segunda fila y dijo:

—¿Saben lo que ustedes cinco tienen en común? Todos son pastores. Y son de una denominación que no aprobaría que ustedes estuvieran en una reunión como ésta.

Era cierto. Phil siguió y dio un mensaje profético a esos cinco hombres a quienes nunca antes había visto. La audiencia estaba sorprendida. Olvidaron mi fracaso mientras escuchaban a Phil decirles los secretos de sus corazones.

Después de la reunión, yo estaba al frente orando por la gente. Un joven como de casi veinte años vino a mí y me dijo:

—¡Esa es la cosa más asombrosa que he visto en toda mi vida!

—¿Qué cosa?—le pregunté.

—Usted me señaló justo a mí cuando estaba sentado en la última fila y dijo: "Alguien allá atrás ha estado teniendo migrañas y está sufriendo una en este momento". ¡Y usted me estaba señalando directamente a mí! He padecido de migrañas por varios años, y estaba teniendo una en ese momento. ¿Cómo supo usted eso?

—Espera un minuto. ¿Me viste señalándote y no viniste al frente como te pedí? ¿Por qué?

—No lo sé. Nunca había estado antes en una reunión como ésta. Creo que estaba muy asustado.

—¿Y qué pasó con tu migraña?—le pregunté.

—Esa es otra cosa increíble. Tan pronto comencé a caminar hacia usted, se fue. Nunca desaparecen así. ¡Creo que he sido sanado!

Acepte la disciplina del señor

Yo estaba en lo correcto acerca de las migrañas, pero delante de todos pareció que había fracasado. Iba a regresar a predicar la noche siguiente, así que podía arreglar las cosas si quería. ¿Debía hacerlo? ¿Cuáles podrían ser mis motivos para arreglar las cosas? ¿Traerle gloria a Dios o a mí? ¿Redimir su reputación o la mía?

Y, ¿qué si Dios era quien había organizado mi aparente fracaso? ¿Y si era una prueba para mi corazón, para revelar mis motivos para servirle? Y, ¿qué si el Señor estaba disciplinando al hijo que él ama (véase He. 12:6)? Si me rehusaba a tomar la disciplina tendría que pasar por esta prueba otra vez. No hay nada como la humillación pública para purificar los motivos de uno para el ministerio. Lo sé porque he estado experimentando la humillación desde que comencé a perseguir el ministerio profético.

Ningún profeta, ni siquiera el más ungido, es lo suficientemente maduro para no necesitar un poco de humillación de vez en cuando. Pablo sabía que a veces incluso Dios dejaría que pareciera que los apóstoles habían fallado la prueba, cuando, en realidad, la habían pasado (véase 2 Co. 13:7).

Otra disciplina que toda la gente profética tiene que soportar es el: "Día de las pequeñeces" (Zac. 4:10). Cada profeta quiere ser capaz de decirle a la gente los secretos más íntimos de sus corazones, pero la mayoría comienzan con palabras proféticas generales. Nadie comienza como un profeta a las naciones. Esto no significa que Dios no vaya a usar a un principiante. Una palabra general, que provenga verdaderamente de Dios, dada en el tiempo correcto va a tener más poder que la visión humana más profunda. No menosprecie sus comienzos humildes. Busque al Señor más que a su ministerio, y su futuro será prospero (véase Job 8:5-7).

Ore, practique y arriésguese

¿Está satisfecho con el nivel de unción en su ministerio? Si no, recuerde lo que dijo Santiago: "No tenéis lo que deseáis, porque no pedís" (Stg. 4:2). Pídale cada día a Dios que lo entrene en el uso de su don profético. Pídale que aumente la precisión de su don. Pídale cosas específicas con respecto a su ministerio profético, para que tenga una manera de poder medir si está creciendo en profecía. Pida por oportunidades para usar su don.

Siempre recuerde orar más por la purificación de su carácter que por el perfeccionamiento de su don.

Toma más que un gran don el rendir servicio a Dios. Recuerde a Sansón. Él no tenía el corazón para soportar una fuerza física tan grande. Al final, perdió su fuerza y su corazón a manos de una tentadora. He visto a profetas caer en manos del tentador porque no tenían el carácter para sustentar sus dones. Dios nos regala dones, pero requiere que desarrollemos la fuerza de carácter para poder usar esos dones para servirle a él y no a nosotros mismos.

Pídale al Señor que le envíe instructores para ayudarle con su don y su carácter. Él me ha contestado esta oración al enviarme diferentes instructores en distintas etapas de mi desarrollo, no puedo exagerar el papel tan importante que ellos han tenido en mi crecimiento. Pídale a Dios que lo convierta en un instructor para otros (véase 2 Ti. 2:2), porque al enseñar y entrenar a otros, usted crecerá también.

Usted no puede crecer en nada a menos que practique. Los profetas maduros son aquellos que: "Por el uso tienen los sentidos ejercitados en el discernimiento del bien y del mal" (He. 5:14). El único buen atleta que usted verá es a uno malo que se rehusó a darse por vencido. Así que, como un atleta, siga practicando hasta que adquiera la habilidad que necesita.

Un amigo mío que es profeta, Steve Thompson, le pide al Señor que le hable acerca de extraños mientras espera en la fila del banco o en el supermercado. Si siente que el Señor le ha hablado algo acerca de una cajero, lo prueba inmediatamente. Le hace una pregunta inocente y amigable como:

—¿Usted no tiene una hermana llamada Darla, o sí?

—No, ¿por qué pregunta?

—Creo que lo estoy confundiendo con alguien más.

Sin problemas. Nadie sino sólo Steve sabe si falló.

Pero con Steve es más probable que la gente diga:

—Así es. Pero, ¿cómo supo?

Ahora, ahí es donde está el problema porque la sesión de práctica acaba de terminar, y Steve tiene que asumir que Dios realmente quiere decirle algo al cajero. El riesgo comienza, para ambos.

Ninguna palabra profética puede ser juzgada hasta que es hablada. Pero somos tan perfeccionistas. Cuando éramos niños, los adultos nos decían: "Cualquier cosa que valga la pena hacerse, vale la pena hacerla bien". Ellos tenían buenas intenciones, pero nos deberían haber dicho que nunca lo haríamos bien sin antes hacerlo muy mal.

Pedimos el don, y eso requiere fe.

Practicamos para crecer en el don, y eso requiere disciplina.

Nos arriesgamos a bendecir a alguien y eso requiere valentía.

O podríamos irnos a la segura, pero nunca sabremos si hubiéramos podido usar el don cuando realmente se necesitaba.

Ore, practique, arriésguese y encuentre una comunidad profética con la cual poder hacer todas esas cosas.

LA COMUNIDAD PROFÉTICA

En el Antiguo Testamento había escuelas de profetas. Proverbios 13:20 explica porqué: "El que anda con sabios, sabio será; mas el que se junta con necios será quebrantado". Si vamos a ser como las personas con quienes decidimos tener amistad, entonces lo que sigue es escoger a nuestras amistades sabiamente. Eso es lo que los profetas del Antiguo Testamento hacían. Porque: "Hierro con hierro se aguza; y así el hombre aguza el rostro de su amigo" (Pr. 27:17). Estar cerca de otros profetas nos va a estimular a hacer preguntas, nos va a provocar a repensar nuestra propia experiencia, nos va a permitir beneficiarnos de la experiencia de aquellos que son más maduros, nos va a dar fe para crecer en nuestro don, y nos va a motivar para escudriñar las Escrituras más diligentemente.

La mejor comunidad profética no fueron las escuelas de profetas del Antiguo Testamento, sino la iglesia neo testamentaria de Antioquía, la cual tenía a maestros y profetas ministrando juntos (véase Hch. 13:1-3). Los maestros y profetas pueden beneficiarse mutuamente de las fortalezas de los otros y fortalecer las debilidades mutuas. Lo difícil es encontrar una congregación así. Ahora mismo no hay muchas congregaciones, escuelas o congresos de profetas, pero hay algunas que son excelentes. Definitivamente vale mucho la pena una búsqueda diligente para descubrirlas, porque el ambiente profético adecuado nos mantendrá enfocados en Jesús, en amarnos los unos a los otros y en protegernos del engaño. La comunidad profética adecuada también nos va a ayudar a aprender de nuestras fallas inevitables.

Aprenda del fracaso

Se dice que nada tiene tanto éxito como el mismo éxito. Las personas sabias saben que nada enseña más que el fracaso. En cada fracaso hay una nueva lección que aprender. La mejor manera de *no* aprender del fracaso es culpar a alguien más por él. A lo mejor fue *su* incompetencia y falta de carácter. ¿Qué hay acerca de *nuestra* incompetencia y *nuestra* falta de carácter? Posiblemente las fallas están en nosotros y no en los demás. Personalmente, estoy aprendiendo más acerca de mis fracasos y de las fallas de las personas cercanas a mí que de todos nuestros éxitos combinados. Permítame darle un ejemplo.

Recientemente durante mi tiempo personal de oración, he recibido una nueva revelación (quiero decir, nueva para mí) acerca de la razón por la que los matrimonios se enfrían. Vi claramente las diferentes etapas del amor agonizante. También pensé haber visto una solución para volver a encender la pasión marital. No podía esperar el domingo para poder predicar sobre estos nuevos descubrimientos. Pensé que los oyentes se devorarían estas verdades con gratitud.

Eso no sucedió. En lugar de eso, cuando terminé, mis oyentes se veían deprimidos. Yo había querido inspirar esperanza y transformación, pero había sembrado culpa y depresión. ¿Por qué?

La salida fácil podría haber sido atribuirlo a la falta de sensibilidad de la gente. Pero yo conocía a esta gente. No eran insensibles. O podría habérselo atribuido a la época del año. Era enero. Y todos sufren de la depresión postnavideña en enero. En lugar de atribuirlo a cualquier cosa, simplemente le pregunté al Señor por qué está gente se había deprimido después de haber escuchado lo que yo pensaba era un mensaje de él. Casi inmediatamente obtuve una respuesta.

Vino en oraciones completas y decía algo semejante a esto: "Invertiste todo tu tiempo y elocuencia en describir la agonía del amor. Guardaste sólo unas pocas palabras al final para su resurrección. Si hubieras invertido el proceso, la gente hubiera recibido esperanza en lugar de desánimo".

Eso hacía perfecto sentido. Una descripción precisa de la agonía no va a salvar a nadie que esté en agonía. Un diagnóstico no sana. Invertí la mayor parte de mi tiempo en el diagnóstico en lugar de en la cura. Esta falla probó ser una de mis más grandes bendiciones al enseñarme a usar las percepciones proféticas a su máximo potencial.

Aquí hay algunos textos que me han ayudado a enfocar mi atención en mí en lugar de en otros cuando he experimentado un fracaso. Esto me ha guardado de culpar a otros, lo cual me ha guardado, a su vez, de amargarme.

Examíname, oh Dios, y conoce mi corazón; pruébame y conoce mis pensamientos; y ve si hay en mí camino de perversidad, y guíame en el camino eterno.

—SALMOS 139:23-24

La ciencia del prudente está en entender su camino; mas la indiscreción de los necios es engaño.

—PROVERBIOS 14:8

El avisado mira bien sus pasos.

—PROVERBIOS 14:15

Miré y lo puse en mi corazón; lo vi, y tomé consejo.

—PROVERBIOS 24:32

He convertido estos versículos en oraciones y trato de orarlos al comienzo de cada día. Le doy mucha importancia a esto porque entre más viejo me pongo, más me doy cuenta de cuán ciego soy para encontrar las causas de mis fracasos. He encontrado que cuando abro mi corazón a la luz del Señor, me otorga revelaciones misericordiosas que pueden convertir un paso atrás en un paso hacia adelante.

En su siguiente tropiezo profético, límpiese el polvo con el pensamiento de que todos los grandes líderes espirituales, excepto uno, han cometido grandes errores. Cada falla les ayudó a confiar un poco menos en sí mismos y un poco más en Dios. ¿Cuál fue su último tropiezo y cómo le está ayudando a mejorarse a sí mismo?

Regocíjese en el rechazo

Uno de los gajes del oficio del profeta es enfrentar el rechazo. Y entre más grande es el don, mayor es el rechazo. No es la gente quien rechaza al principio al profeta. Son los líderes religiosos. Jesús, el más grande de todos los profetas, fue: "Desechado por los ancianos, por los principales sacerdotes y por los escribas" (Mr. 8:31). Les advirtió a sus seguidores que esperaran ser rechazados: "Bienaventurados seréis cuando los hombres os aborrezcan, y cuando os aparten de sí, y os vituperen, y después desechen vuestro nombre como malo, por causa del Hijo del Hombre. Gozaos en aquel día, y alegraos, porque he aquí vuestro galardón es grande en los cielos; porque así hacían sus padres con los profetas" (Lc. 6:22-23).

¿Por qué los líderes religiosos desechan el ministerio de un profeta verdadero? Porque el profeta supone una amenaza para ellos. Dios envía profetas para desafiar las tradiciones erróneas y para establecer nuevas prioridades a su gente. Los líderes de tradiciones calcificadas se preocupan más en proteger su posición que en escuchar la voz de Dios.

Claro que ellos no piensan de sí mismos de esa manera. Ellos piensan que están defendiendo la ortodoxia contra los desafíos de un extranjero radical. Puede reconocerlos por su grito de batalla. Actúan como si Dios fuera en realidad un miembro de su denominación y nunca pensara en violar *su* ortodoxia sin antes cotejarlo con ellos.

Si el profeta está funcionando en un nivel menor de unción, el liderazgo fácilmente tendrá la capacidad de hacerlo a un lado. Pero si el Espíritu reposa poderosamente sobre él, van a escalar el rechazo a persecución. Los líderes lo van a acusar de ser antibíblico, que causa divisiones e incluso que está endemoniado. Ningún siervo de Dios ha llevado una unción grande sin tener que soportar este tipo de acusaciones.

El lugar de mayor unción, también es el lugar de mayor controversia. Piense en la controversia que giraba alrededor de Jesús, luego alrededor de los apóstoles, y, desde entonces, alrededor de cada gran movimiento de Dios en la historia. Es típico que en tales movimientos de Dios, los líderes de la ortodoxia imperante hayan subsistido tanto tiempo por sus habilidades políticas que ni siquiera puedan reconocer la unción profética que están persiguiendo.

Esta persecución es predecible. Jesús les dijo a sus discípulos que por su causa sus enemigos dirían: "Toda clase de mal contra vosotros, mintiendo" (Mt. 5:11). Muy a menudo, tristemente, he visto cumplirse esta profecía. He escuchado a líderes creyentes en la Biblia propagar mentiras pesadas y rumores acerca de profetas ungidos porque sintieron que algunos de sus congregantes se irían tras ellos.

Si somos perseguidos así, se supone que nos debemos alegrar. ¿Por qué?

Primero, porque podría ser una señal de que el Espíritu reposa sobre nosotros con poder (Mt. 5:11-12).

Segundo, el rechazo y la persecución pueden ser grandes herramientas de enseñanza. Purifican nuestros motivos en el ministerio y nos proveen oportunidades para crecer en amor (véase Mt. 5:43-48). Observé a Mike Bickle soportar los ataques más inmisericordes durante meses. Yo estaba sorprendido por el odio de sus perseguidores y la gracia con la que Mike llevó ese odio, nunca regresando mal por mal. Durante ese tiempo, no vi enojo alguno latiendo en el corazón de Mike. Pero el Señor sí. Él le dijo a Mike: "La medida de tu ira contra estos hombres es la medida de tu ambición imperceptible". Sin la persecución Mike nunca se hubiera dado cuenta de su ambición, y cuán destructiva hubiera sido si no hubiera tratado decisivamente con ella.

Tercero, la persecución puede fortalecer ministerios al alejar a los que quieren agradar a los hombres. La meta principal de estas personas es agradar a la gente a su alrededor, y, por lo tanto, no pueden ser siervos de Cristo (Ga. 1:10). Son obsesivamente precavidos y se preocupan constantemente de si han ofendido a alguien. En lugar de soportar una confrontación, prefieren comprometer la autoridad de los mandamientos divinos que les han sido encomendados. Debilitan el ministerio al esparcir el temor y, cuando el rechazo llega, pierden el tiempo iniciando discusiones acerca de la dirección del ministerio. Usualmente son los primeros en irse cuando comienza la persecución.

Probado por la alabanza

La alabanza es una prueba menos frecuente, pero más difícil que la persecución. El liderazgo normalmente no va a alabar a un profeta, pero la gente lo hará a menudo. Ellos se fueron tras Juan el Bautista y tras Jesús alabándolos a ambos. Por la fuerza de su carácter, la alabanza de la gente no tuvo ningún efecto en ellos. Con nosotros, en cambio, la alabanza frecuentemente nos seduce. Mientras el rechazo nos provoca a cuestionarnos a nosotros mismos, la alabanza puede hacernos sentir invulnerables. Escuche lo que el más sabio de los hombres dijo acerca de la alabanza: "El crisol prueba la plata, y la hornaza el oro, y al hombre la boca del que lo alaba" (Pr. 27:21). Entre mayor sea el don profético, mayor será la prueba que vendrá a través de la alabanza.

Cuando la persecución no pueda derribarnos, y la alabanza no pueda inflarnos, entonces habremos caminado un largo trecho en la madurez profética. Pero, ¿cómo es que alguien puede llegar tan lejos?

ENFOQUE PROFÉTICO

Los profetas tienen un Consolador que los ayuda a mantener su enfoque. Tres veces Jesús se refirió a él como el: "Espíritu de verdad". El primer contexto en el que el Espíritu de verdad aparece, Juan 14:15-21, tiene que ver con amar y obedecer a Jesús. El segundo pasaje es Juan 15:26-27, que trata con el testimonio que da el Espíritu acerca de Jesús. La última selección es Juan 16:12-16, donde dice que el Espíritu trae gloria a Dios. El Consolador es llamado el Espíritu de verdad porque siempre apunta hacia la Verdad, Jesús, y porque revela las más grandes verdades a los seguidores de Jesús. El más alto nivel de ministerio profético es ser capaz de discernir consistentemente aquello que promueve estas tres cosas.

Esto quiere decir que el enfoque principal del profeta nunca debe estar en su ministerio, ni siquiera en las necesidades de la gente. Si los profetas quieren ser dirigidos por el Espíritu Santo, deben enfocarse en Jesús, porque ahí es en donde está enfocado el Espíritu Santo. Al compartir el enfoque del Espíritu Santo, lograremos ver el glorioso esplendor que irradia de Jesús. La persecución, la alabanza y otras miles de distracciones pierden su poder sobre nosotros en la presencia de su radiante belleza. Todo entra en su enfoque preciso cuando nos enfocamos en él. Fácil de decir, difícil de hacer, y esa es una de las razones por las que Dios nos envía sus profetas, para llamarnos de vuelta a esa Persona gloriosa que está sentada a la diestra del Padre, supremamente paciente mientras gobierna el mundo con el poder de su Palabra y anhela estar cerca de usted y de mí.

DISFRUTE LA SINFONÍA

Hace unos años, cuando entré en ese cuarto oscuro con la alfombra verde y las sillas de plástico naranja, no tenía idea que la Palabra de Dios me estaba esperando. No tenía idea de cuanto dentro de mí necesitaba ser sanado, y que sólo él podía sanarlo. No tenía idea del viaje que él tenía preparado para mí. No tenía idea de cuánto necesitaba su misericordia hasta que entré en el pesebre de su misericordia.

El propósito más alto de Dios para el mundo nació en un pesebre. Ha sido mi experiencia que sus propósitos más altos para usted y para mí siguen siendo dados a luz en pesebres, los lugares donde menos esperamos tener un encuentro con él. A Aquél que habita en la luz inaccesible de gloria le gusta encontrarse con nosotros en los lugares más humildes. Estos lugares se convierten en revelaciones de su humildad y su misericordia a través de la cual nos sana y a la que nos llama.

Hasta esa bella mañana de otoño, mi conocimiento de los pesebres y de la humildad se limitaba principalmente a lo que había leído en comentarios teológicos. Y ciertamente un encuentro profético no me convirtió en una persona profundamente humilde, ni me dio un conocimiento profundo de los pesebres actuales de Dios. Pero sí despertó en mí un poco de gusto por esas cosas, y me hizo seguir un ministerio profético desde ese día en adelante.

A través de los años, he sido recompensado grandemente por mi búsqueda. Los profetas me han ayudado con mis decisiones, tanto en el ministerio, como en mi vida personal. Como resultado, mi vida personal se ha tornado más satisfactoria y mi ministerio más fructífero. Pero éstas no son las recompensas más grandes para mí.

Lo más maravilloso que he encontrado en los profetas, estos agentes de Dios con la mirada de otro mundo, es que son vehículos de su misericordia. Sus ojos ven lo que los nuestros no pueden. Y su misericordia sana lo que nuestros esfuerzos no logran hacer. Mi amargura por fin se ha ido, y con ella mucha de la severidad que me persiguió durante tanto tiempo. Por la luz de las palabras proféticas, puedo ahora entender los eventos que alguna vez vi como los desastres no mitigados de la sinfonía que es mi vida. Claro que es una sinfonía inconclusa, pero las trompetas proféticas la están haciendo mucho más rica y emocionante.

No sé el siguiente movimiento de mi propia pequeña sinfonía, pero eso está bien para mí. Estoy en paz al saber que su misericordia va a estarla dirigiendo. El misterio hace que la música sea todavía más deleitosa.

Sin embargo, sí asevero tener un poco de percepción acerca de la sinfonía mayor de la cual forman parte todos los creyentes y de su dirección. Las trompetas proféticas están subiendo de volumen, anunciando un movimiento más poderoso que nada de lo que usted o yo hayamos oído. El nuevo movimiento no se escuchará hasta que las trompetas se integren con el resto de los instrumentos. Pero esa es otra historia, una que espero poder contarle pronto.

LECTURAS RECOMENDADAS

Creciendo en el ministerio profético; Mike Bickle, Casa Creación. Este libro es indispensable para administrar la profecía en la iglesia local.

La voz de Dios; Cindy Jacobs, Caribe-Betania Editores.

Libéranos del mal; Cindy Jacobs, Casa Creación.

Para esta hora; Dra. Fuchsia Pickett, Casa Creación.

Pasión por Jesús; Mike Bickle, Casa Creación.

Restauración (del ministerio profético y apostolico); Benjamín Rivera Leos, Casa Creación.

Revelación divina; Dra. Fuchsia Pickett, Casa Creación.

Una visión profética para el Siglo 21; Rick Joyner, Caribe-Betania Editores.

La serie

GUÍA BÁSICA

está formada por los siguientes libros:

Guía Básica para la guerra espiritual
Neil T. Anderson y Timothy M. Warner

Guía Básica para el ayuno
Elmer Towns

Guía Básica para la intercesión
Dutch Sheets

Búsquelos en su librería cristiana más cercana

CASA
CREACIÓN

www.casacreacion.com

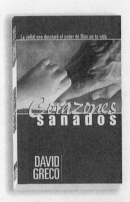

¡Este material está cambiando el ministerio de los niños alrededdor del mundo!

Todo lo que usted necesita para dar 52 lecciones exitosas que cambiarán las vidas de sus estudiantes. Para edades 6-12. Cada tomo trimestral incluye:

- Trece lecciones interactivas
- Diez magníficas canciones infantiles de alabanza y adoración en cassette
- Once libretos de obras cortas
- Transparencias a todo color

- Trece ilustraciones de versículos bíblicos
- Puede usar este material en cualquier momento del año
- No se necesitan libros para estudiantes

En los Estados Unidos llame al

1-800-987-8432

Fuera de los EE.UU. (407) 333-7117
Órdenes por fax: (407) 333-7147

VC1999-017